LES STRATÈGES DE L'ÉPHÉMÈRE

Guide du nouveau management

Éditions d'Organisation
1, rue Thénard
75240 Paris Cedex 05
www.editions-organisation.com

ISBN : 978-2-7081-2108-9

Jean SIMONET

LES STRATÈGES DE L'ÉPHÉMÈRE

Guide du nouveau management

Préface de Bernard BRUNHES

Deuxième tirage 1998

LES ÉDITIONS D'ORGANISATION

À Maud et Julien,

*Merci aux lecteurs critiques du manuscrit :
Jean-Pierre BOUCHEZ, Bernard BRUNHES,
Joël PELADE, Renée SIMONET.*

« *Toute réalité sociale est précaire.* »
Peter BERGER et Thomas LUCKMANN, *La construction sociale de la réalité*, Méridiens-Klincksiek, 1966.

« *Puis, avec la crise, nous avons accueilli des gens qui, à cause de la perte de leur emploi, se trouvaient fragilisés. (...) L'objectif a été de les amener à prendre conscience que la précarité sociale n'a rien à voir avec la précarité du sujet.* »
Docteur Jean-Paul LIAUZU, directeur de l'Institut Paul-Silvadon, *Le Monde*, 4 juin 1997.

« *Les managers pensent camper sur des plaines béton-nées quand en réalité ils campent tous sur des sables mouvants.* »
Philippe BAUMARD, *Prospective à l'usage du manager*, Éditions Litec, 1996.

SOMMAIRE

PRÉFACE

L'image de l'entreprise une et indivisible, aux frontières dessinées, à l'organisation pyramidale, est entrée dans le domaine de l'archéologie et de l'histoire. Aujourd'hui déjà, demain davantage, le chef d'entreprise ne reconnaît pas ses petits. Les grandes entreprises se structurent et se restructurent. Le reengineering fait rage. Pour se « centrer sur leur métier » comme disent les communiqués qui annoncent des restructurations , les firmes abandonnent des pans de leurs activités. L'externalisation de services à forte valeur ajoutée – l'informatique, la communication, la maintenance, etc. – conduit l'entreprise à compter de plus en plus sur des forces qui ne sont pas internes. En confiant à des prestataires extérieurs des services essentiels à leur fonctionnement et étroitement liés à leur vie de tous les jours, elles transforment profondément la gestion de la force de travail. Lorsqu'on entre dans un siège social ou sur un site industriel, on rencontre beaucoup d'hommes et de femmes qui sont bien intégrés au processus de production puisqu'ils sont là, mais ne sont pas des salariés de l'entreprise qui les héberge et les fait travailler.

Ces organismes vivants que sont les entreprises, qui ne cessent d'éclater, de changer par scissiparité ou par fusion, ont des dirigeants. Eux aussi doivent s'habituer au changement. Ils doivent l'organiser sans en être tout à fait les maîtres.

On ne parle aujourd'hui que flexibilité dans le débat social. Un mot qui fâche, mais qui correspond à une réalité. Pour s'adapter aux nouvelles technologies de l'information et de la communication et pour rester présentes sur les marchés transformés par ces technologies, les entreprises n'ont d'autre choix que d'adopter des organisations flexibles. Nul n'échappera à des temps de travail moins rigides que

dans le passé, à des emplois au contenu changeant et évolutif, à un effort permanent des salariés et de leurs employeurs pour que les travailleurs restent efficaces
et performants ou, tout simplement, restent « employables », pour reprendre une
terminologie à la mode. Cet effort de formation et de mobilité professionnelle
doit toucher tous les niveaux de l'entreprise. Dans les préoccupations du
manager, la gestion des hommes devient la priorité. Chaque fois qu'une direction
d'entreprise oublie de partir des problèmes humains et sociaux pour procéder
aux évolutions nécessaires, elle met en question son avenir.

La flexibilité interne que l'on vient de décrire n'empêche malheureusement pas
la flexibilité externe, même si elle doit la réduire. Dans une économie que la
technologie et sa conséquence, la mondialisation, obligent à bouger constamment et de façon parfois difficile à prévoir, il faut que se créent des emplois
nouveaux dans des métiers nouveaux et des entreprises nouvelles. Il ne peut y
avoir création d'un côté s'il n'y a pas destruction de l'autre. Là où les emplois
ne se justifient plus par une production et une demande, ils doivent disparaître.
Le temps heureux (mais en fait assez bref !) où l'on pouvait rêver de
commencer sa carrière dans une entreprise et de n'en sortir qu'à la retraite
après avoir patiemment gravi les échelons et les grades, ce temps a disparu. Le
contrat à durée déterminée s'est développé tandis que les contrats à durée
indéterminée peuvent de plus en plus souvent être rompus. L'entreprise peut
être assimilée à une triple sphère. Le noyau est constitué des salariés permanents qui font le cœur de l'entreprise. Il est enveloppé dans une seconde
sphère de salariés à contrat temporaire qui ne font dans l'entreprise qu'un
séjour bref, intermittent ou précaire. La dernière sphère est faite des
travailleurs qui, tout en contribuant à la production de l'entreprise ne lui sont
pas liés par un contrat de travail : sous-traitants, services externalisés, intéri-
maires, travailleurs indépendants (*self employed*, comme on dit outre Manche).

Dès lors la gestion des ressources humaines est beaucoup plus complexe
qu'autrefois. Comment avoir le plus possible de salariés permanents – un noyau
dur important – sans introduire d'excessives rigidités ? Comment combiner
souplesse et permanence pour l'entreprise, sécurité pour les salariés, préservation de capital d'expériences et de savoir-faire, culture de l'entreprise, politique sociale de qualité ?

Le développement de l'externalisation et de la sous-traitance n'est qu'un des
visages du nouveau monde de la production : ce monde où l'entreprise n'est plus
isolée, achetant des métiers à gauche, vendant des produits à droite et réalisant
la transformation dans une bâtisse où s'affairent, loin de tout regard, ses salariés.
L'entreprise est maintenant un chaînon dans une longue chaîne, une « *business
chain* » disent les Américains. Une chaîne complexe qui ressemble plus à une

chaîne ADN qu'à un collier ou à une laisse, qui relève plus de la biologie que de la mécanique. L'entreprise est attachée à ses fournisseurs, sous-traitants ou non, par des liens beaucoup plus complexes qu'un simple jeu du marché : des liens de coopération qui vont au-delà du seul produit. Les contrats d'assurance qualité par exemple incluent des obligations qui contraignent le management du fournisseur, jusqu'à la formation de son personnel ou son organisation. Même liaison avec les clients : les constructeurs d'automobiles, ne cessent d'imaginer de nouvelles formes de service après vente, de garanties. La location de voitures, longue durée ou non, ne cesse de se développer faisant progressivement du marché de l'automobile tout autre chose qu'un marché classique.

L'entreprise est liée à bien d'autres acteurs, au sein de cette *business chain* : les prestataires de services externalisés, comme l'infogérance, ou *facility management*, gestion de l'informatique externalisée, mais aussi les entreprises qui occupent le même site, les administrations, de l'emploi ou de l'éducation, les autorités locales. On a beaucoup glosé sur l'entreprise citoyenne, ces dernières années.

L'entreprise ne peut plus se payer le luxe de ne pas être citoyenne : si elle néglige les préoccupations écologiques, elle ne tarde pas à être contestée et mise en danger ; si, dans une ville ou un quartier, elle ne s'intéresse pas aux organismes d'éducation et de formation, elle ne tarde pas à manquer des qualifications dont elle a besoin . Dans les zones urbaines ou périurbaines touchées par la misère ou la délinquance, elle en subira rapidement les effets : il est de son intérêt bien compris de contribuer aux efforts de la collectivité pour gérer ces difficultés. Comme elle ne peut s'abstenir de participer à l'effort d'insertion des jeunes dans le monde du travail.

C'est donc une entreprise vivant en réseau, étroitement dépendante de tout son environnement, elle-même très flexible, adaptable, changeante, qu'a entre les mains le manager moderne. Entre les mains, ai-je dit ? Non, justement, il ne l'a pas entre les mains : elle glisse, elle bouge. Et c'est en fait à un management collectif de la chaîne, aux contours mal définis, qu'il devra se contenter de participer, au lieu d'être le capitaine, seul maître à bord sur un bateau naviguant solitaire au milieu de l'océan avec son équipage stable et soumis.

Flexibilité, précarité, dépendance, contours flous, technologies galopantes, tous les ingrédients d'une société déstabilisée sont réunis. La crainte du chômage accompagne la perte des repères. On s'accroche d'autant plus à son emploi que le risque de le perdre est réel. Les garanties les plus solides – un bon diplôme ou un bon statut – disparaissent. Non seulement l'avenir de l'entreprise est flou, mais la société qui l'environne est précaire. C'est dans ce difficile environnement que le manager exerce ses fonctions. Il entre dans ses missions de mettre de la sécurité, de la permanence et de la perspective dans cette société du précaire. Parce qu'il a un rôle citoyen, on l'a dit, tout à fait inséparable de son action dans l'entreprise, surtout parce qu'il ne peut espérer mobiliser et motiver son personnel si la précarité règne en maître. Or mobilisation et motivation sont vitales dans les modes modernes de production fondés sur l'initiative individuelle et l'effort collectif. Si le développement social était oublié au profit du développement économique, celui-ci ne durerait pas longtemps.

Nos sociétés d'Europe occidentale accepteraient mal, s'il était possible, un mode de production et de développement qui nierait les bases qui constituent le contrat social de nos pays, construites au cours des siècles et affirmées au cours des cinquante dernières années.

Les beaux schémas des livres de management méritent donc un sérieux lifting. Certes, on n'a pas attendu le présent ouvrage pour poser les questions auxquelles sont confrontés ces nouveaux managers en univers instable, les organisateurs du précaire, les responsables chargés de donner un sens aux mouvements erratiques, de faire d'une chaîne d'événements éphémères une ligne droite, de gérer un domaine aux frontières floues en liaison avec les propriétaires mitoyens, de construire du solide avec des matériaux mobiles. Ces managers qui doivent consacrer chaque jour plus de temps au management de la seule vraie ressource, mais une ressource elle-même difficile et inquiète, les hommes.

Parce qu'il est, comme tous les membres de notre équipe de consultants, chaque jour confronté à cette difficulté ; parce qu'il voit à quel point nos clients recherchent de nouveaux schémas, de nouveaux guides pour répondre à ces nouveaux défis, Jean Simonet a tenté de construire un vademecum du manager de l'instable. Les dirigeants et les cadres d'entreprises reconnaîtront leurs problèmes. Ils y trouveront un guide, un effort de sémantique et d'organisation de la pensée, des « check lists », les bases non seulement d'une réflexion sur les formes de ce management nouveau, mais aussi des outils pour les jours difficiles. Ils y trouveront aussi et surtout des moyens pédagogiques.

Lui-même pédagogue efficace aux idées claires, Jean Simonet, généreusement, livre ses outils didactiques. Le lecteur y trouvera à la fois une vision globale, une boîte à outils où aucun tournevis ne manque, et un ensemble d'idées où il pourra grapiller à son aise.

Bernard BRUNHES

Chapitre 1

LA FIN D'UN MYTHE ?

APRÈS LE CULTE DE L'ENTREPRISE, L'HEURE DES DÉSILLUSIONS

Par tradition, les Français n'ont jamais beaucoup aimé l'entreprise. Jusqu'à la fin des années 70, elle était vue comme un lieu d'exploitation et d'aliénation et les schémas de la lutte des classes imprégnaient les consciences bien au-delà des cercles du marxisme officiel.

À partir des années 80, les Français se sont réconciliés avec l'entreprise. Face à l'échec des hommes politiques dans la lutte contre le chômage et à l'effondrement des grandes idéologies collectives, l'entreprise est apparue comme un lieu de création de richesses et d'emplois et un lieu de réalisation personnelle. Elle est alors, plus que par le passé, perçue comme productrice de valeurs et de sens. C'est l'époque où, à partir des modèles du Prix de l'Excellence et de l'Entreprise du troisième type, se diffusent sur une grande échelle les principes et les méthodes du management. Un grand nombre d'entreprises, de cadres et même de salariés s'investissent dans le management participatif et pratiquent les cercles de qualité, la qualité totale ou les projets d'entreprises. Avec souvent beaucoup d'énergie pour faire évoluer les systèmes de commandement traditionnels et développer la coopération dans un pays où la distance sociale et l'évitement du face à face sont des caractéristiques de la culture nationale. C'est le temps de la multiplication des groupes de résolution de problèmes, de l'édition des chartes d'entreprise, de la clôture des congrès très fréquentés de l'Association Française des Cercles de Qualité par Édouard Balladur, ministre de l'Économie et des Finances et ancien chef d'entreprise.

C'est à partir des années 80 que le management tend à devenir l'idéologie dominante de notre temps, pour reprendre l'expression de Vincent de Gaulejac[1]. Vues d'aujourd'hui, ces années 80, même si elles ont permis des avancées dans les pratiques managériales, semblent pleines de naïveté et d'angélisme.

Dès 1988, la revue *Autrement* s'interrogeait sur le culte de l'entreprise avec une bonne anticipation de ses effets pervers : « jusqu'où peut mener l'extrême médiatisation et sacralisation de l'entreprise et de son chef ? (...) Tout est en place pour de sérieux retours de bâton. Tout est prêt pour un puissant mouvement des « déçus » de l'entreprise (...). Des patrons eux-mêmes tirent la sonnette d'alarme. Écoutez plutôt le nouveau président du Centre des Jeunes Dirigeants : « à trop mystifier l'entreprise, on est reparti pour ignorer la réalité pendant dix ans ». Et le président de l'Institut de l'Entreprise ajoute en écho : « l'Entreprise est une partie de la vie, pas toute la vie »[2].

Les années 90 sont bien celles des déçus de l'entreprise et du désenchantement. Pas plus que l'État et les hommes politiques, l'entreprise n'a été efficace contre le chômage. Elle n'est plus vue comme créatrice d'emplois, mais comme destructrice d'emplois. Les plans sociaux succèdent aux plans sociaux et rien ne semble pouvoir arrêter cette mécanique infernale. L'entreprise n'est plus traversée par le sens mais par la peur et l'amertume.

« Notre société dévore les mythes qu'elle fabrique à une vitesse parfois impressionnante. C'est ainsi que l'idée d'entreprise, après avoir acquis soudainement un statut prestigieux est en train de le perdre de manière vertigineuse » écrit Michel Wievorka[3]. De toute part, études et enquêtes révèlent l'affaiblissement des liens entre les salariés et leurs entreprises. Les termes les plus couramment utilisés pour décrire l'état du climat social et des motivations sont : désillusion, démotivation, démobilisation, désaffection, déconnection, désenchantement, désorientation, démoralisation, décrochage, prise de distance, perte de confiance, fracture, divorce entre salariés et entreprise.

---

1. Vincent de GAULEJAC, Isabel TABOADA LEONETTI, *La lutte des places*, Épi, 1994.
2. Philippe MERLANT, Nicolas ROUSSEAUX, « Postface : attention aux ''déçus'' de l'entreprise ! », in *Le culte de l'entreprise*, série Mutations, n° 100, Éditions Autrement, septembre 1988.
3. Michel WIEVORKA, « L'adieu à l'entreprise », *Libération*, 3 juin 1994.

Ainsi un sondage SOFRES pour *Liaisons Sociales* (octobre 1995) fait apparaître que 65 % des salariés se déclarent optimistes quant à l'avenir de leur entreprise, mais que 64 % de ces mêmes salariés, dont 53 % des cadres, considèrent que leur entreprise n'attache aucune importance à leur avenir. Autrement dit : mon entreprise se porte bien, mais je ne compte pas pour elle.

Dans une autre enquête de la Cofremca, 70 % des salariés estiment que les intérêts de l'entreprise sont pour l'essentiel directement opposés à ceux des salariés et 50 % déclarent qu'il leur est indifférent de travailler pour telle firme ou pour telle autre. Autrement dit : la lutte des classes ou les conflits d'intérêts entre salariés et entreprise n'ont peut-être pas disparu et la représentation de l'entreprise comme une communauté où chacun adhère à l'intérêt général n'est peut-être plus conforme à la réalité vécue.

À partir du moment où, en situation de crise, la logique économique et financière a repris le dessus, le lien de confiance et de réciprocité entre l'entreprise et le salarié s'est cassé. Un pacte tacite d'engagement mutuel a été rompu par l'entreprise confrontée aux contraintes économiques. Beaucoup de salariés se sont estimés trompés, trahis. On ne les y reprendra plus. Ainsi Annick Vuattier qui travaillait depuis 18 ans chez Jeumont Industrie, avant de recevoir sa lettre de licenciement : « Et dire que j'ai participé, et j'y croyais vraiment, aux séminaires organisés par la direction. On nous expliquait les méthodes japonaises et on nous demandait notre avis sur tout. On s'est bien moqués de nous »[4].

Pour Michel Godet, « nos entreprises se sont souvent comportées de manière bien peu citoyennes à l'égard d'employés d'autant plus amers qu'on avait mobilisé toute leur énergie au milieu des années 80 pour de mirifiques projets d'entreprise. Les rescapés de ces « Verduns sociaux » ne sont pas prêts de repartir la fleur au fusil »[5].

Pour Pierre Morin, c'est la fin du management romantique, sentimental, du management par les relations, qui parle de loyauté, d'attachement, de valeurs partagées[6].

Les cadres, jusqu'alors peu touchés par les grandes vagues de licenciements, ne sont plus épargnés. Leur statut de collaborateurs privilégiés des directions ne les protège plus. L'alliance historique avec les dirigeants sur la base de laquelle ils s'étaient constitués en tant que catégorie spécifique, après 1936, est remise en cause. Ils prennent leurs distances par rapport à l'entreprise et à son management.

---

4. Vittorio DE FILIPPIS, « Annick, Charles, etc., licenciés Jeumont », *Libération*, 6 septembre 1993.
5. Michel GODET, « Les us et abus de l'entreprise citoyenne », *Le Monde*, 21 décembre 1994.
6. Pierre MORIN, *La grande mutation du travail et de l'emploi*, Les Éditions d'Organisation, 1994.

LES DÉGÂTS DE L'EXCELLENCE :
STRESS ET EXCLUSIONS

Dans les années 70, des syndicalistes de la CFDT avaient cherché à faire connaître une part de l'envers du décor des Trente Glorieuses en publiant un livre intitulé *Les Dégâts du Progrès*[7]. L'ouvrage décrivait les divers effets négatifs de l'industrialisation et de la modernisation sur les conditions de vie et de travail, sur l'environnement, etc.

Aujourd'hui, après dix ans de valorisation et de diffusion intensive des méthodes modernes de management, symbolisées au départ par le concept d'excellence, les entreprises et leurs salariés perçoivent de plus en plus, dans le contexte des années 90, les limites des approches développées dans les années 80.

L'entreprise devait être un lieu de création de richesses et d'intégration professionnelle et sociale. On constate que pour rester compétitive ou satisfaire aux exigences économiques et financières actuelles, elle doit licencier, donc exclure. Selon Bernard Brunhes, « la machine économique exclut à tour de bras (...). Notre système n'est plus une machine qui tournerait bien et rejetterait quelques minoritaires, mais une usine qui fabrique effectivement, en grand nombre, des chômeurs, des sans logis, des exclus »[8]. Le rééquilibrage de la destruction d'emplois dans certains secteurs ne se fait plus par la création d'emplois dans d'autres, comme auparavant. Désormais les gains de productivité permettent de produire autant, voire plus, avec de moins en moins de personnel. Charles Handy[9] rapporte la formule citée par le président d'un grand groupe pharmaceutique pour résumer sa politique à 5 ans : $P = 1/2 \times 2 \times 3$, signifiant que plus de productivité et de profits viendraient d'un personnel deux fois moindre, payé deux fois plus et effectuant trois fois plus de travail.

De plus en plus exigeante, sélective, maigre (lean management), économe en main-d'œuvre, l'entreprise exclut. Réduire les effectifs est devenu une partie de plus en plus importante du management et tout manager peut être concerné un jour ou l'autre, parce que son emploi est menacé, ou supprimé, ou parce qu'il doit lui-même supprimer des emplois. Et les rôles peuvent se succéder, comme dans ce dessin du Financial Times où un patron annonce à ses cadres : « Notre exercice de reengineering entraînera des réductions d'effectifs – à commencer par ceux qui en ont eu l'idée ».

---

7. CFDT, *Les dégâts du progrès*, Éditions du Seuil, 1978.
8. Bernard BRUNHES, *Quelle reprise ?*, Espace Social Européen, 13 janvier 1995.
9. Charles HANDY, *Le temps des paradoxes*, Éditions Village Mondial, 1995.

En plus de l'exclusion, l'entreprise génère aussi de plus en plus de stress, c'est-à-dire de difficultés des individus à s'adapter à leur environnement. D'abord, bien sûr, le stress du chômeur qui vit sa perte d'emploi comme une épreuve où se mêlent une recherche d'emploi souvent difficile et des sentiments de vide, de perte d'identité et de dévalorisation sociale. Mais aussi de nouveaux stress professionnels pour les salariés, dûs aux nouveaux modes de management et d'organisation et au contexte dans lequel ils s'exercent.

D'après les enquêtes menées sur ce sujet, environ un salarié sur deux se déclare stressé et la proportion augmente depuis une quinzaine d'années. Bien sûr les facteurs de stress sont très différents selon les métiers et les situations de travail, et face à une même situation, deux personnes pourront manifester des niveaux de stress très variables. Mais on peut dégager toutefois certaines tendances (pour des analyses plus détaillées, nous renvoyons aux ouvrages cités en note[10]).

Les nouvelles formes de management (management participatif, management par objectifs et par projets...) soumettent le salarié à une hyperstimulation, à une mise sous tension permanente. On lui demande d'investir son énergie psychique et mentale dans son travail, de s'impliquer, de se mobiliser, d'être motivé, responsable de ses résultats, sur lesquels il sera jugé. Il n'en fera jamais assez et on pourra lui en demander toujours plus, sur les plans quantitatif et qualitatif. Au-delà de certaines limites, ce travail « prenant » peut conduire à l'épuisement professionnel, à la brûlure interne (burn out), aujourd'hui de plus en plus souvent constatés[11].

On se situe là à l'opposé du contrat psychologique d'un système taylorien ou hiérarchique traditionnel, tel que, selon Michel Crozier, les salariés le vivent par rapport à leur dirigeants : « vous avez fait de nous des exécutants, nous obéissons donc sans chercher à comprendre le pourquoi des décisions ; mais en échange nous exigeons de rester libres, c'est-à-dire de ne pas être engagés psychologiquement dans la marche des opérations »[12].

Les approches managériales qui demandent ou suscitent un fort investissement affectif vis-à-vis de l'entreprise, du leader ou du travail peuvent aussi engendrer des phénomènes de stress liés à une trop forte dépendance affective : adhésions

---

10. Nicole AUBERT, Vincent de GAULEJAC, *Le coût de l'excellence*, Éditions du Seuil, 1991 ; Éric ALBERT, *Comment devenir un bon stressé*, Éditions Odile Jacob, 1994 ; Éric ALBERT, *Guide de la gestion du stress*, York Productions, 1995 ; Alain BRON, Vincent de GAULEJAC. *La gourmandise du tapir, utopie, management et informatique*, Hommes et Perspectives, Desclée de Brouwer, 1995.
11. Herbert FREUDENBERGER, *L'épuisement professionnel, la brûlure interne*, Gaétan Morin, 1985.
12. Michel CROZIER, *La société bloquée*, Éditions du Seuil, 1970.

fusionnelles sources de désillusions ultérieures ou de perte du sens de la réalité, confusion entre les valeurs de l'entreprise et les valeurs personnelles, etc.

Les organisations plates, qui mettent beaucoup de gens au même niveau et laissent une grande part à l'informel et au flou sur le plan des structures, des fonctions et des méthodes, sont sources de stress liés à la disparition des frontières et des points de repères, au recouvrement des responsabilités, aux rivalités pour le partage des ressources, à l'absence de régulation des tensions par l'autorité officielle, à l'amplification des incertitudes et des inquiétudes face à l'avenir, etc.

De nouveaux stress proviennent aussi de l'accélération des changements et de l'évolution des connaissances et des technologies. Les salariés, et en particulier les cadres, sont sous la menace permanente d'être dépassés, en retard par rapport aux exigences professionnelles et sont confrontés à un vieillissement précoce. Pour Éric Albert, psychiatre et consultant en entreprise, « les cadres ont gagné physiologiquement dix ans de vie. À 50 ans, nous sommes comme nos parents étaient à 40. Dans le même temps, ils ont pris dix ans dans l'entreprise, par le jeu de l'avancement de l'âge officiel de la retraite, de la multiplication des préretraites et de l'évolution des techniques[13] ». À partir de 40-45 ans, le cadre est souvent proche de la fin de son itinéraire professionnel, alors qu'il pourrait ne se sentir qu'à mi-parcours.

Enfin le stress peut aussi provenir du fait que l'entreprise reporte sur l'individu les contradictions auxquelles elle est confrontée, le mettant ainsi dans des situations difficilement supportables. Ainsi on développe des valeurs d'autonomie et de responsabilité, mais les contrôles, les audits se multiplient, le droit à l'erreur tend à disparaître, les échecs ne sont pas tolérés. De même, le dilemme de la productivité fait que si l'on n'améliore pas celle-ci, l'entreprise peut mourir, mais que si on l'améliore, certains emplois disparaîtront.

COMMENT ÊTRE MOTIVÉ DANS UNE ENTREPRISE QUI PEUT VOUS LICENCIER DEMAIN ?

Le fait que l'entreprise demande toujours plus de motivation et d'implication à ses salariés, à ses cadres en particulier, tout en leur offrant de moins en moins de sécurité, n'est pas le moindre de ces nouveaux paradoxes.

Pour Didier Livio, ancien président du Centre des Jeunes Dirigeants et patron de PME qui a dû licencier la moitié de son personnel au moment de la guerre

---

13. Éric ALBERT, in Claude VILLENEUVE, « La grande angoisse des cadres », *Enjeux-Les Échos*, avril 1995.

du Golfe, « un nouveau type de management reste à inventer : le défi consiste notamment à impliquer des salariés dont le temps d'appartenance à la société tend à diminuer »[14].

Nicole Aubert[15] voit dans ce qu'elle appelle « le paradoxe de l'adhésion séparative », où l'entreprise demande à l'individu un investissement passionnel dans un contexte où elle peut se séparer de lui à tout moment, un exemple d'injonction paradoxale, ou de management paradoxal, susceptible de perturber la vie des salariés et de l'entreprise.

Le « salarié idéal », s'identifiant à l'entreprise et prêt à la quitter à tout instant, n'existe pas, sauf exception... et sauf dans les rêves de quelques dirigeants ou managers. L'implication dans l'entreprise suppose un sentiment d'appartenance, une relation durable, un lien de confiance avec elle. Toutes choses difficiles à créer ou à maintenir aujourd'hui, compte tenu des incertitudes économiques et sociales, qui poussent vers la flexibilité et la précarité. Pour Bernard Galambaud[16] la contradiction actuelle entre flexibilité et implication est l'une des contradictions majeures du management, un de ses dilemmes les plus essentiels.

Comment, individuellement, faire face à cette double contrainte, à cette double exigence contradictoire ? Excluons le « salarié idéal », prêt à se sacrifier pour l'entreprise par amour pour elle ou par compréhension rationnelle de l'inéluctabilité des contraintes économiques. Il reste le stress, dont nous avons parlé précédemment, ou le simulacre, le faux semblant. Le salarié parle le langage de l'entreprise, souvent une langue de bois, il joue le jeu qu'on attend de lui, mais il n'y croit plus. En profondeur, il s'est désinvesti et adopte une attitude de retrait et de scepticisme. Hubert Landier parle à ce propos d'absentéisme moral[17].

LE MANAGEMENT A-T-IL ENCORE UN SENS AUX NIVEAUX INDIVIDUEL ET COLLECTIF ?

Comment en est-on arrivé là ? Pourquoi le management est-il devenu à ce point coupé du réel, idéologique, et donc toxique pour les individus comme pour l'entreprise ?

---

14. Didier Livio, in « Comment le chômage change la France – 2. Les salariés entre résignation et révolte », *La Tribune Desfossés*, 23 Novembre 1993.
15. Nicole Aubert, « Les paradoxes de la performance », in *Les performances des entreprises françaises au XXe siècle*, sous la direction de Jacques Marseille, *Le Monde*, Éditions 1995.
16. Bernard Galambaud, *Une nouvelle configuration humaine de l'entreprise, le social désemparé*, ESF Éditeur, 1994.
17. Hubert Landier, *Dessine moi une vie active*, Village Mondial, 1994.

Quatre illusions nous semblent la cause de ce décrochage, de cette dérive. Hier utiles pour sortir des organisations hiérarchiques, disciplinaires et bureaucratiques, elles ne sont plus adaptées au monde complexe d'aujourd'hui. Si le management doit retrouver demain un sens, c'est-à-dire une valeur et une pertinence pour l'action individuelle et collective, il convient de les repérer pour les dépasser et s'en libérer.

La première illusion est celle de la magie des méthodes. Elle consiste à croire qu'une méthode est *a priori* bonne pour l'entreprise – toute entreprise – et qu'il suffit de l'implanter pour que les résultats suivent. Depuis le début du management, les méthodes ont été multiples : organisation scientifique du travail (la « méthode Taylor »), techniques de relations humaines, gestion par objectifs, enrichissement des tâches et groupes semi-autonomes, cercles de qualité, qualité totale, matrices stratégiques, projets d'entreprise, reengineering, management par projets, etc.

Le management est peu à peu devenu une gigantesque boîte à outils, tous dotés de vertus miraculeuses. Il s'est constitué comme un ensemble de formules à appliquer, de recettes. Les effets de mode s'en mêlant et la durée de vie de chaque méthode diminuant en même temps que leur diversité augmentait, on en est venu peu à peu au « zapping managérial » qui consiste à passer rapidement et sans grande cohérence d'une méthode à la suivante. Le résultat de cette trop grande confiance dans les méthodes seules est souvent beaucoup de temps, d'argent et d'énergie dépensés pour des résultats décevants.

L'illusion de la magie des méthodes provient de représentations sommaires de l'entreprise et de son fonctionnement, de raisonnements simplificateurs et de fausses explications. Ainsi, comme le déplore Christian Morel[18], les promoteurs de nouvelles approches du management expliquent la performance et promettent l'excellence en s'appuyant sur une approche de la causalité quelque peu aventureuse : confusion entre corrélation et causalité, explication par une cause unique, ou un nombre limité de causes, en surestimant les causes immédiates (par exemple les facteurs internes à l'entreprise) au détriment des causes plus lointaines (par exemple les facteurs économiques), explications qui n'en sont pas (par le « charisme des leaders » ou « la motivation du personnel »), généralisations abusives à partir de quelques cas ou de l'avis de quelques « spécialistes ». Michel Godet s'inscrit dans la même réflexion lorsqu'il constate : « la clé universelle de l'excellence n'existe pas, elle doit être remodelée en perma-

---

18. Christian MOREL, *Le mal chronique de la connaissance ordinaire sur l'entreprise*, Gérer et comprendre, Annales des Mines, septembre 1992.

nence au gré des évolutions de l'environnement et contre les habitudes qui figent les organisations dans un sommeil parfois mortel. Il y a mille et une clés pour l'excellence (principe de contingence) et il faut sans arrêt en changer (principe de changement) »[19].

Une méthode est une solution, ou une voie balisée pour produire une solution. Le recours *a priori* à une méthode peut être inefficace, voire contre-productif et générateur d'effets pervers, lorsqu'il dispense d'une analyse suffisante de la situation, des particularités de l'entreprise et des problèmes auxquels elle se trouve confrontée. C'est pourtant souvent ainsi que les choses se passent. Michel Crozier a raison lorsqu'il fustige « tous les messieurs – solutions qui répondent plus vite que leur ombre »[20] et font l'impasse sur une véritable connaissance des problèmes.

Deuxième illusion : l'illusion de la magie du discours. Elle consiste à croire qu'il suffit de dire quelque chose pour que cela soit fait, de nommer une chose pour qu'elle soit réelle. C'est l'écueil ou le piège de la rhétorique et du nominalisme auquel n'échappe pas une large part des pratiques de management : effets d'annonce, incantation, discours des leaders, affichage d'actions dont la mise en œuvre est incertaine, production de chartes, rituels divers de communication interne, stages de formation où l'on diffuse la bonne parole, etc. Le management devient alors le management des apparences[21].

Henry Mintzberg estime, quant à lui que « le management est un mythe[22] » diffusé par les business schools ou les grandes écoles, les cabinets de conseil et les grandes entreprises : « Il suffit d'avoir fait Harvard et travaillé chez McKinsey pour se croire stratège. Même si l'on a trente ans et qu'on n'a jamais travaillé en entreprise ». Il observe de façon critique le développement d'un management de plus en plus cérébral pratiqué par des individus brillants mais coupés de la réalité qui savent disserter sur les solutions possibles pour une entreprise sans en avoir acquis auparavant une expérience concrète, parce qu'ils ont été parachutés directement à des postes importants.

La troisième illusion est l'illusion de l'entreprise modèle. Elle prolonge la précédente, sans se confondre avec elle. Les discours et les théories de management proposent une représentation rêvée, idéale de l'entreprise et de son fonction-

---

19. Michel GODET, « Vraies modes et faux modèles du management », *Le Monde*, 19 avril 1995.
20. Michel CROZIER avec Bruno TILLIETTE, *La crise de l'intelligence, essai sur l'impuissance des élites à se reformer*, InterÉditions, 1995.
21. Patrick GILBERT, Claudine GILLOT, *Le management des apparences, incantations, pratiques magiques et management*, L'Harmattan, 1993.
22. Henry MINTZBERG, « Le management est un mythe », *Le nouvel Économiste*, 19 août 1994.

nement. Le propre de la troisième illusion est de ne pas voir les distorsions, voire les contradictions entre cette entreprise modèle et l'entreprise réelle, vécue par ceux qui y travaillent, ou de les minimiser (« c'est normal que le projet soit plus ambitieux que le quotidien »). Pourtant il suffit d'écouter le terrain (salariés et managers) pour se rendre compte que les dissonances entre théorie et pratiques, discours et réalité se payent cher en termes de crédibilité des responsables (managers et dirigeants), de stress, de cohésion sociale et d'efficacité : « ils sont fous », « où veulent-ils en venir ? », « encore une lubie de la Direction », « ils ne comprennent vraiment rien à la vie quotidienne de l'entreprise », etc.

C'est un fait que le plus souvent dirigeants et managers ne pratiquent pas les valeurs qu'ils professent et sont aveugles sur cet état de fait et ses consé-quences. Nous retrouvons ici les analyses de Chris Argyris qui a découvert dans ses travaux, à sa grande surprise, une divergence fondamentale, systématique, entre les projets qu'affiche l'individu et ceux qu'il met en œuvre, et surtout « que les individus développent des plans pour rester dans l'ignorance de cette divergence[23] ». Argyris distingue ainsi les théories proclamées (*espoused theory*) et les théories pratiquées (*theory in use*). Cette distinction nous semble très utile pour savoir de quoi on parle, et donc éviter confusions et mystifications, en matière de management ou de culture d'entreprise.

Si des expressions et des analyses critiques sur les écarts entre l'entreprise modèle et l'entreprise réelle ne sont pas possibles, les doctrines managériales deviennent largement idéologiques et génératrices de langue de bois, de propagande et de double langage.

La quatrième illusion véhiculée par les théories et les techniques managériales est l'illusion de l'entreprise communautaire. Si toute entreprise est une commu-nauté, l'illusion consiste à penser qu'elle n'est – ou ne doit être – que cela, c'est-à-dire un ensemble de personnes partageant un idéal et des intérêts communs. Le management développe alors une image de l'entreprise qui est celle d'un corps social homogène, cohérent, consensuel, où tous adhèrent aux mêmes objectifs et s'inscrivent dans une même logique d'action, soudés par la même culture commune. L'entreprise est une équipe, une famille. Les différences de logique, les tensions, les conflits sont traités comme des malentendus qui relè-vent d'une meilleure communication interne, ou comme des manifestations d'attitudes négatives ou de mauvaise foi, à combattre et à éliminer.

---

23. Chris ARGYRIS, *Savoir pour agir, surmonter les obstacles à l'apprentissage organisationnel*, InterÉditions, 1995.

Les dangers de cette illusion sont évidents : angélisme, fermeture de l'entreprise sur elle-même, simplisme des schémas d'action, refus du pluralisme, de la diversité, des contradictions et donc des possibilités de changement et d'innovation. Aujourd'hui, des analystes critiques comme Jean-Pierre Le Goff[24] et bien d'autres déjà cités, mais aussi des praticiens de l'entreprise, critiquent une idéologie managériale qui se fonde sur des théories superficielles ou rapidement bricolées pour propager un retour du paternalisme, de l'ordre moral et du religieux sous sa forme sectaire.

Bien sûr, la conception communautaire de l'entreprise ne correspond pas à la tradition dominante en France, car elle a été déconsidérée par l'expérience de Vichy, comme le note Denis Segrestin, qui parle de « tabou » ou d'« interdit communautaire » en ce qui concerne l'entreprise dans notre pays[25]. Mais comme elle est très présente dans les modèles de management, souvent de façon implicite, elle en accentue le côté irréel.

---

24. Jean-Pierre LE GOFF, *Le mythe de l'entreprise, critique de l'idéologie managériale*, Éditions La Découverte, 1992.
25. Denis SEGRESTIN, *Sociologie de l'entreprise*, Armand Colin, 1992.

Chapitre 2

LA MONTÉE
DE LA PRÉCARITÉ

L'EMPLOI PRÉCAIRE

On ne peut comprendre la crise de la pensée et de la pratique managériales que si on l'inscrit dans le contexte plus large de la crise de l'emploi, du travail et du fonctionnement des entreprises.

Faut-il d'ailleurs parler de crise ? Pour la plupart des analystes des transformations économiques et sociales en cours, il n'y aura pas de retour à la situation antérieure[1]. Les termes de mutation, de métamorphose, de changement de modèle (ou de paradigme) semblent plus adaptés.

---

1. Voir en particulier : Guy AZNAR, *Emploi : la grande mutation*, Hachette, 1996 ; Bernard BRUNHES, *Les habits neufs de l'emploi*, Nil, 1996 ; Robert CASTEL, *Les métamorphoses de la question sociale*, Fayard, 1995 ; CENTRE DES JEUNES DIRIGEANTS, *Construire le travail de demain, 5 tabous au cœur de l'actualité*, Les Éditions d'Organisation, 1995 ; Daniel COHEN, *Richesse du monde, pauvreté des nations*, Flammarion, 1997 ; EURO TECHNOPOLIS INSTITUT, *Le travail au XXIe siècle, mutations de l'économie et de la société à l'ère des autoroutes de l'information*, Dunod, 1995 ; Pierre MORIN, *La grande mutation du travail et de l'emploi*, Les Éditions d'Organisation, 1993 ; Bernard PERRET, *L'avenir du travail, les démocraties face au chômage*, Éditions du Seuil, 1995 ; Jacques ROBIN, *Changer d'ère*, Éditions du Seuil, 1989.

Les facteurs de changement à l'œuvre sont largement identifiés. La mondialisation ou la globalisation de l'économie intensifie la concurrence et oblige les entreprises à être toujours plus performantes au niveau des prix, donc des coûts, de la qualité, de la réactivité. Les nouvelles technologies (informatique, télécommunications, robotique, etc.) suppriment des emplois et raccourcissent les hiérarchies. Le développement des services, dans lesquels travaille désormais 70 % de la population active française, exige des petites structures souples et des organisations modulables, proches du client.

Ces différents facteurs convergent pour provoquer une reconfiguration des entreprises et de l'emploi. Les entreprises produisent différemment, avec moins de personnel. De 1970 à 1990, le PIB a augmenté de 70 %, mais le chômage a été multiplié par 4 ou 5. Les entreprises font plus appel à des salariés temporaires (contrats à durée déterminée, temps partiel, intérim, stagiaires). Plus de 70 % des embauches se font aujourd'hui en CDD. Sous l'effet de ces évolutions, on assiste à une recomposition des différentes formes d'emploi. Ainsi de 1970 à 1994, les salariés en contrat à durée indéterminée à temps plein sont passés de 76 % à 55 % de la population active, les non-salariés de 21,5 % à 12 %, les chômeurs de 2,5 % à 12 %, et les « autres formes d'emploi », dites « atypiques » de moins de 1 % à 21 %. Dans ces conditions on peut se demander si l'emploi « normal » (le CDI à temps plein) restera encore longtemps la norme (en Grande-Bretagne, il représente déjà moins de 50 % des emplois), et si les formes « nouvelles » ou « particulières » d'emploi sont si « atypiques » que cela. Comme l'expriment Margaret Maruani et Emmanuèle Reynaud, sociologues : « les formes d'emploi atypiques sont-elles des dérogations à la norme de l'emploi stable, ou, au contraire, ont-elles ouvert la voie à une normalisation de l'emploi instable[2] ? »

Ces emplois (CDD, intérim, temps partiel, mesures jeunes, non-titulaires de la Fonction Publique) sont aussi souvent appelés emplois précaires. Là également, le qualificatif nous semble discutable. En premier lieu parce que dans certains cas, même s'ils ne sont pas les plus fréquents, ces situations d'emploi peuvent constituer un choix, ou une étape dans un parcours d'intégration professionnelle. Mais surtout parce que ce type d'emplois n'a pas, malheureusement le monopole de la précarité, même s'il en est l'illustration. Comme l'a dit, lors d'une émission de télévision, un gréviste de décembre 1995 : « Nous sommes tous des précaires »[3]. Les chômeurs, les exclus vivent la précarité. Ceux qui, en situation de sous-emploi voudraient travailler plus ou obtenir un « vrai emploi », également. Mais aussi de nombreux salariés ou travailleurs indépen-

---

2. Margaret MARUANI, Emmanuèle REYNAUD, *Sociologie de l'emploi*, Éditions La Découverte, 1993.

3. Sylvie CASTER, « Nous sommes tous précaires », *Le Canard Enchaîné*, 6 décembre 1995.

dants qui bénéficient, eux, de cet emploi classique auquel aspirent les autres, mais se sentent, à tort ou à raison, menacés par les évolutions d'une conjoncture incertaine.

Il ne s'agit pas, bien sûr, de confondre, ni même de comparer des expériences de la précarité qui peuvent être très différentes, mais de faire ressortir que la précarité ne saurait être identifiée comme la caractéristique propre des emplois autres que le CDI à temps plein, même si l'émergence de ces emplois traduit son extension.

Le risque de perte d'emploi, de sous-emploi ou de disparition de divers avantages liés à l'emploi (évolution de carrière, qualité de vie au travail, etc.) touche de façon inégale les différentes catégories sociales et professionnelles. Certains sont plus exposés, d'autres plus protégés. Mais ce risque se développe partout. Plus que de précarité, on peut parler d'un processus de précarisation du monde du travail.

LES CADRES DÉSTABILISÉS

Ce qui arrive aux cadres depuis le début des années 90 est un bon exemple de cette précarisation. Leur taux de chômage a toujours été beaucoup plus faible que celui des employés et des ouvriers. Mais soudain de 1989 à 1993, il a plus que doublé, augmentant plus vite que celui des autres catégories. Aujourd'hui le chômage concerne encore davantage les catégories professionnelles les plus faiblement qualifiées, mais il s'est davantage accru dans la période récente pour les catégories les plus qualifiées (cadres, professions intermédiaires, travailleurs indépendants). En devenant massif et structurel, le chômage atteint désormais ceux qui étaient jusqu'alors plutôt épargnés.

	1975	1982	1989	1993
Cadres supérieurs	1,6	2,0	2,2	4,9
Employés	4,3	7,8	10,7	13,9
Ouvriers	4,3	8,8	12,2	14,3
Aucun diplôme ou CEP		8,4	12,6	15,4
Baccalauréat ou équivalent		5,3	6,0	9,3
Bac + 2		2,6	3,1	7,0
Bac + 3 et plus		3,3	2,5	5,7
Taux de chômage global (BIT)	3,8	7,7	9,6	11,1

Évolution des taux de chômage selon quelques caractéristiques sociales (en %)
– source : Insee, enquêtes Emploi –

Le même constat peut être fait pour les formes d'emploi autres que le contrat à durée indéterminée. Le pourcentage de cadres embauchés en contrat à durée déterminée est inférieur à celui des autres catégories de salariés, mais il s'accroît depuis le début des années 90.

Les sondages auprès des cadres font apparaître qu'ils ressentent cette précarité de leur emploi. Un cadre sur deux dit avoir peur (souvent ou de temps à autre) du chômage et la même proportion estime qu'il retrouverait difficilement un emploi s'il perdait le sien dans les prochains mois[4].

Incertains quant à l'avenir de leur emploi, les cadres le sont aussi quant à leur avenir en tant que catégorie sociale. La notion de cadre est une spécificité française, qui n'a pas de véritable équivalent dans les autres pays industrialisés. C'est un statut et non une fonction. De même que certains cadres n'encadrent (ou ne managent) qu'eux mêmes (15 % d'entre eux), certains encadrants (ou managers) ne sont pas cadres (les agents de maîtrise). Le statut du cadre est apparu dans les années 30 à partir du noyau des ingénieurs, avec comme finalité d'être un relais de la direction auprès du personnel, dans un contexte de tensions sociales où les entreprises devaient organiser leurs structures de commandement.

Aujourd'hui les cadres sont 2,8 millions, soit plus de 10 % de la population active. Leur nombre a doublé depuis 20 ans et derrière un statut commun, ils constituent un groupe social très hétérogène quant aux fonctions exercées, aux niveaux des responsabilités et aux salaires. Que signifie être cadre ? Pourquoi un statut à part ? Ces questions, qui ont donné lieu à de nombreux débats économiques, sociaux, juridiques, depuis que les cadres existent, resurgissent dans le contexte actuel.

Ainsi, en 1992, l'association Entreprise et Progrès a lancé un pavé dans la mare avec son document « Cadre/non-cadre : une frontière dépassée ». Pour Entreprise et Progrès, cette frontière entre cadres et non-cadres :

– n'est plus représentative des réalités sociologiques et culturelles : les ouvriers n'étant plus la catégorie sociale la plus nombreuse et les modes de vie se rapprochant, la catégorie des cadres ne présente plus de profil spécifique comme dans les années 60,

– n'est plus représentative de la réalité des métiers et de la hiérarchie : aujourd'hui les capacités de réflexion, d'initiative et d'autonomie sont requises à tous les niveaux et il importe de valoriser les compétences et l'expérience plus que le diplôme et la distance hiérarchique,

---

4. Gérard MERMET, *Francoscopie 1997, comment vivent les Français*, Larousse, 1996.

– contrarie le développement des entreprises : la distinction cadre/non-cadre complique les coopérations internationales et le fonctionnement d'équipes multiculturelles, elle démotive en les excluant les non-cadres et perpétue une logique de centralisation, de communication verticale et de cloisonnement.

La contribution d'Entreprise et Progrès relance et renouvelle le débat sur la notion de cadre. La disparition du statut cadre ne semble pas à l'ordre du jour dans la France d'aujourd'hui, mais on constate à coup sûr une atténuation des distinctions entre cadres et non-cadres dans les pratiques de management et de gestion des ressources humaines de nombreuses entreprises. En 1995, la CGC a organisé un colloque sur « la mutation des cadres ». Les juristes confirmèrent aux syndicalistes que, juridiquement, le cadre existe, et que ce concept est reconnu par les conventions collectives, les tribunaux et une jurisprudence en pleine expansion. Par contre, les DRH exprimèrent leur scepticisme sur les raisons de distinguer les cadres des autres salariés et estimèrent que, du fait des changements intervenus dans l'organisation des entreprises ces vingt dernières années, cette distinction s'estompe[5].

Les perspectives sont-elles plus favorables si l'on s'interroge sur l'évolution non plus du statut de cadre mais de la fonction de manager ? Il semble que non. L'avenir de bien des managers s'annonce incertain, instable, risqué, précaire.

Une étude de Bernard Brunhes Consultants sur les pratiques de gestion de l'emploi dans les entreprises européennes a mis en évidence des tendances structurelles qui devraient se poursuivre à moyen terme :

– la disparition de nombre d'emplois fonctionnels dans les sièges sociaux et les directions fonctionnelles,

– la réduction du nombre de niveaux hiérarchiques,

– l'intégration de plus en plus forte des fonctions techniques et des fonctions commerciales,

– la concentration de l'entreprise sur son cœur de métier et l'externalisation des activités périphériques ou spécialisées[6].

Toutes ces tendances vont dans le sens d'une réduction du nombre de managers. Pour Michael Hammer, le père du reengineering, « le management intermédiaire, tel que nous le connaissons, va tout simplement disparaître[7] ».

---

5. Delphine GERARD, « Les cadres existent-ils ? La CGC s'interroge... », *La Tribune Desfossés*, 6 avril 1995.
6. BERNARD BRUNHES CONSULTANTS, *L'Europe de l'emploi, ou comment font les autres*, Les Éditions d'Organisation, 1994.
7. Michel HAMMER, James CHAMPY, « The future of middle managers », *Management Review*, september 1993.

Le consultant américain William Bridges décrit l'avènement d'une entreprise « post-salariale » où les personnes n'agissent plus dans le cadre de définitions de fonctions, mais en fonction de projets dont elles sont responsables et dont elles opèrent la coordination, sans avoir besoin d'être dirigées. Il annonce la fin du management[8].

Les consultants britanniques Richard Koch et Ian Godden évoquent, dans le même sens, des entreprises « post-managériales », où la fonction de management n'a plus besoin de managers parce qu'elle est intégrée dans l'opérationnel et décentralisée auprès des individus et des équipes de travail qui, pour l'essentiel, s'automanagent[9].

Et même Peter Drucker, « l'inventeur » du management, déclare : « le mot manager commence à me mettre mal à l'aise, dans la mesure où il implique un rapport d'autorité[10]. »

L'ENTREPRISE ÉCLATÉE

L'étude de Bernard Brunhes Consultants fait apparaître l'émergence dans les entreprises d'un nouveau modèle de l'emploi. Pour faire face aux exigences de la compétitivité, les entreprises conservent mais réduisent un noyau dur de salariés en contrat à durée indéterminée à temps plein, et font de plus en plus appel à des emplois périphériques (salariés temporaires, travailleurs indépendants et salariés d'autres entreprises).

Ce nouveau modèle de l'emploi traduit une nouvelle configuration des entreprises. Des entreprises plus légères, qui font appel à des catégories de travailleurs hétérogènes, aux statuts et aux implications différents. D'où un éclatement des collectifs de travail, une moindre culture commune et la nécessité de diversifier les modes de management propres aux différentes catégories. Des entreprises moins hiérarchiques, où le contrat de travail est de plus en plus remplacé par le contrat commercial, la relation de subordination par une relation client-fournisseur. Des entreprises aux contours flous, où l'on ne sait plus très bien qui appartient à l'entreprise et qui n'y appartient pas, quels sont les

---

8. William BRIDGES, *La conquête du travail*, Village Mondial, 1995.
9. Richard KOCH, Ian GODDEN, *Managing without management, a post-management manifesto for business simplicity*, Nicolas Brealey Publishing, 1996.
10. Peter Drucker, in « The post-capitalist executive : an interview with Peter F. Drucker », *Harvard Business Review*, mai-juin 1993.

effectifs précis, où est la frontière entre l'intérieur et l'extérieur de l'entreprise. Enfin des entreprises flexibles, dont le volume d'activité, le périmètre de compétences peuvent évoluer rapidement en fonction des fluctuations de la demande.

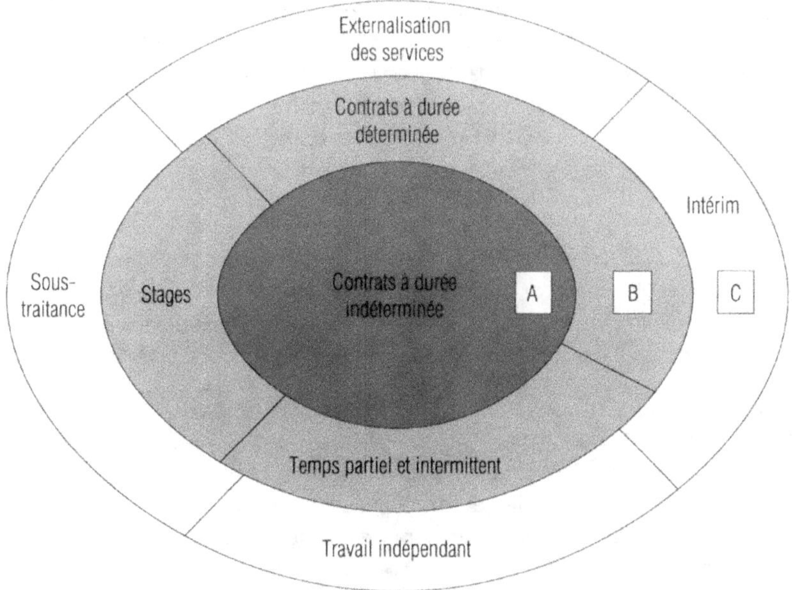

A) Le noyau dur : salariés permanents de l'entreprise
B) La première couronne : salariés temporaires de l'entre-prise
C) La seconde couronne : travailleurs indépendants et sala-riés d'autres entreprises.

Le nouveau modèle de l'emploi

Ces entreprises flexibles sont-elles automatiquement génératrices de précarité ? Oui, le plus souvent, mais le sujet est complexe et mérite une précision des notions de flexibilité et de précarité pour pouvoir analyser la diversité des situations.

Quand on parle de flexibilité, on pense d'abord le plus souvent à la possibilité pour l'entreprise de faire varier son volume d'emplois en faisant entrer et sortir les travailleurs en fonction des besoins. Les moyens sont le contrat à durée déterminée, le licenciement, la sous-traitance et l'externalisation. Mais il s'agit là de flexibilité du travail et de flexibilité externe. Or la flexibilité peut aussi concerner l'organisation et être interne. La flexibilité interne préserve la force de travail et modifie son utilisation. Elle peut agir sur plusieurs leviers : développement des compétences, de la polyvalence, de la mobilité, de la souplesse de l'organisation, modulation des temps de travail, etc.

La flexibilité externe est souvent une fausse solution, qui détériore le climat social, les motivations au travail, la culture, les compétences, la mémoire de l'entreprise et met en péril... la flexibilité de son organisation à terme. La flexibilité interne peut permettre une adaptation de l'entreprise sans nuire à la communauté de travail et à la qualité de son fonctionnement. Surtout si elle est négociée, au niveau global avec les représentants du personnel, et au niveau local, en termes de management, avec les unités de travail et les personnes concernées[11].

La flexibilité ne saurait donc être assimilée à la précarité. Lorsqu'elle est préparée, négociée et conduite avec les acteurs concernés, lorsqu'elle leur garantit un minimum de sécurités, matérielles, psychologiques, elle peut faciliter des évolutions sans accroissement du stress et des vulnérabilités.

Malheureusement, la logique de la flexibilité interne n'est pas le plus souvent la logique dominante dans les entreprises. Traditionnellement développée dans les pays scandinaves et en Allemagne, elle doit aujourd'hui de plus en plus céder le pas à la logique de la flexibilité externe, qui est celle du capitalisme anglo-saxon (États-Unis, Grande-Bretagne). Au nom des exigences de résultats financiers à court terme et du raisonnement, économiquement simpliste, « compétitivité = rentabilité = baisse des effectifs ». Aujourd'hui, la plupart des entreprises européennes pratiquent un dosage plus ou moins savant entre les deux types de flexibilité. Et de fait, le développement de la flexibilité de l'entreprise provoque souvent la précarisation de l'emploi et des travailleurs.

Après le terme de flexibilité, précisons le sens que nous donnons à la notion de précarité. Dans le contexte actuel, on l'associe souvent aux nouvelles formes d'emploi qui se développent depuis une vingtaine d'années. Nous avons déjà examiné en quoi, selon nous, la précarité de l'emploi ne saurait se limiter aux emplois dits « précaires ». On associe aussi souvent précarité et pauvreté, ou exclusion. Ainsi dans son rapport « Grande pauvreté et précarité économique et sociale », présenté en 1987 au Conseil Économique et Social, Joseph Wrésinski définit la précarité : « la précarité est l'absence d'une ou plusieurs sécurités, notamment celle de l'emploi, permettant aux personnes et aux familles d'assumer leurs obligations professionnelles, familiales et sociales, et de

---

11. BERNARD BRUNHES CONSULTANTS, *Négocier la flexibilité. Pratiques en Europe*, Les Éditions d'Organisation, 1997.

jouir de leurs droits fondamentaux. L'insécurité qui en résulte peut être plus ou moins étendue et avoir des conséquences plus ou moins graves et définitives. Elle conduit à la grande pauvreté quand elle affecte plusieurs domaines de l'existence, qu'elle devient persistante, qu'elle compromet les chances de réassumer ses responsabilités et de reconquérir ses droits par soi-même, dans un avenir prévisible ». Dans un rapport plus récent (1995) sur la grande pauvreté, auprès du même Conseil Économique et Social, Geneviève de Gaulle-Anthonioz confirme cette définition qui, pour elle, fait de plus en plus référence dans le monde et permet de tourner la page de l'assistance et d'ouvrir celle des droits et des responsabilités, en introduisant les plus pauvres comme partenaires indispensables de la réflexion[12].

Cette définition permet de comprendre des trajectoires de basculement d'une forte précarité dans différents domaines (emploi, logement, vie personnelle...) vers des situations de pauvreté ou d'exclusion. De tels parcours sont rares dans la catégorie des cadres et des managers, même s'ils ne sont plus impensables. Pour ce qui nous intéresse, c'est-à-dire la compréhension de l'évolution de la situation et du rôle des responsables de différents niveaux au sein des entreprises, nous ne définirons pas la précarité en liaison avec la grande pauvreté. Le manager précaire n'est pas en risque de basculement vers une situation de grande pauvreté. Pas plus qu'il n'est en général, dans un emploi dit « précaire ». Il est simplement, et c'est souvent déjà beaucoup, en situation d'incertitude, d'instabilité, de fragilité, de vulnérabilité, de pertes de repères, d'interrogation face à l'avenir, de changement accéléré de son environnement et des logiques de fonctionnement de l'entreprise, des unités de travail, des groupes sociaux... Il peut être titulaire d'un emploi, classique ou non, menacé ou non dans cet emploi ou quant aux conditions d'exercice de cet emploi. Il peut être chômeur, aujourd'hui, ou le devenir demain. C'est dans ces différents aléas que réside sa précarité. Celle-ci est souvent une menace, ou une contrainte, mais pas forcément. Cela dépend des situations et des individus. La précarité peut être aussi, dans tel ou tel cas, vécue comme un fait à prendre en compte, sans perception négative. Ou même comme une opportunité, un défi à relever, une ouverture à la mobilité, une chance à saisir, une aventure, une occasion de faire ses preuves.

Lorsque nous parlons du manager précaire, la définition de la précarité à laquelle nous faisons référence est tout simplement celle du dictionnaire.

---

12. CONSEIL ÉCONOMIQUE ET SOCIAL, *La grande pauvreté, évaluation des politiques de lutte contre la grande pauvreté*, avis présenté par Geneviève de GAULLE-ANTHONIOZ, 1995.

> « *Précaire : se dit d'une chose dont l'existence n'est pas assurée, qui peut être remise en question. Synonymes : incertain, instable, chancelant, passager, éphémère.* »
>
> LAROUSSE
>
> « *Précaire (lat. jur.* precarius *obtenu par prière) :*
>
> 1. *qui ne s'exerce que grâce à une autorisation révocable,*
> 2. *dont l'avenir, la durée ne sont pas assurés. V. incertain, instable, court, éphémère, passager, fragile. Ant. (antonymes) : assuré, durable, solide, stable.* »
>
> LE PETIT ROBERT

Une récente étude de l'OCDE aborde la précarité de l'emploi dans ce sens d'insécurité ou d'instabilité de l'emploi[13]. Elle met en évidence un fort développement du sentiment de précarité de l'emploi dans l'ensemble des pays de l'OCDE depuis les années 80, même dans les pays où le taux de chomâge est faible (Japon), ou orienté à la baisse depuis plusieurs années (Royaume-Uni et États-Unis). À partir des données de l'enquête d'Eurobaromètre (1996), elle revèle que 70 % des salariés de l'Union Européenne ne sont pas tout à fait d'accord avec l'affirmation « mon emploi est assuré ». C'est en France, où le pourcentage est de 79 %, que ce sentiment de précarité est le plus élevé.

IDENTITÉS INCERTAINES

La précarité – ou la précarisation – de l'emploi, de la position de cadre, de la fonction de manager, de l'organisation et du fonctionnement des entreprises bouscule les managers en tant que personnes, remet profondément en cause leurs conceptions de l'économie, de la société, de la vie professionnelle, et d'eux-mêmes. Dans l'ensemble des évolutions actuelles, nous allons examiner, pour illustrer notre propos, trois sources de tensions, de déstabilisations, qui sont le plus souvent difficiles à vivre, même si elles sont aussi à l'occasion génératrices d'évolution et d'innovation. Chacune de ces sources de tension est contradictoire, paradoxale.

La première source de tension, c'est que nous sommes sortis du modèle des Trente Glorieuses mais que nous ne disposons pas d'un autre modèle. Le modèle des Trente Glorieuses (1945-1975), qui correspondait à la société

---

13. OCDE, « La précarité de l'emploi progresse-t-elle dans les pays de l'OCDE ? », in *Perspectives de l'emploi,* juillet 1997, Les Éditions de l'OCDE.

industrielle de masse, c'était Taylor + Ford + Keynes : production de masse + consommation de masse + État-providence. Il fournissait le plein emploi, des emplois à plein temps, des avantages sociaux, des possibilités de promotion et de carrière. Dans des économies de service à croissance plus faible utilisant les nouvelles technologies de l'information, ce modèle ne répond plus. Comme le disent Bernard Perret et Guy Roustang, l'économie joue contre la société[14], elle ne produit plus du progrès social pour tous, mais plutôt une perte des repères spatio-temporels habituels, un éclatement des collectifs de travail, la mobilité et la précarité de l'emploi, l'évanescence de la notion d'entreprise, des difficultés d'insertion professionnelle des individus les moins bien formés ou socialisés. Oublier les Trente Glorieuses est peut être nécessaire, mais on comprend que cela soit difficile. Elles sont encore bien présentes dans les esprits et une grande partie des salariés, des dirigeants économiques et politiques, des syndicalistes, etc. attendent leur retour. D'autant plus que les caractéristiques du système socio-économique dans lequel nous entrons n'apparaissent pas clairement. Pour Bernard Perret, « les règles du jeu social de cette économie post-industrielle restent largement à définir »[15]. Pour Pierre Morin, « selon la formule bien connue : on ne sait peut-être pas où l'on va, mais on y va... (...) Nous ne disposons d'aucune référence puisque c'est la première fois que des sociétés comme la nôtre connaissent cette évolution. Évolution tellement inconnue qu'on en désigne le résultat simplement par ce à quoi il succède : société post-industrielle »[16]. Effectivement, aujourd'hui les qualificatifs commençant par « post » fleurissent, attestant que le futur est flou et le passé encore très présent.

La deuxième source de tension, c'est qu'alors qu'il se raréfie, l'emploi reste, et même devient de plus en plus un élément essentiel de l'identité sociale. L'emploi est un moyen de gagner sa vie, mais c'est aussi beaucoup plus que cela. À côté de sa dimension économique, il est aussi créateur de lien social et source de réalisation personnelle. Même s'il ne représente plus que 10 % de la durée de la vie éveillée, contre 50 % au début du siècle, et si le temps consacré au loisir tend à devenir plus important, nous sommes encore dans la société du travail plus que dans la société du temps libre. Le travail reste le grand intégrateur, selon l'expression d'Yves Barel[17]. Être privé de travail, c'est ne plus être intégré, inséré dans la vie sociale. Pour Dominique Schnapper « c'est de l'exercice d'une profession que les individus tirent l'estime de soi. Le travail, dans les

---

14. Bernard PERRET et Guy ROUSTANG, *L'économie contre la société, affronter la crise de l'intégration sociale et culturelle*, Éditons du Seuil, 1993.

15. Bernard PERRET, *L'avenir du travail, les démocraties face au chômage*, Éditions du Seuil, 1995.

16. Pierre MORIN, *L'art du manager, de Babylone à l'Internet*, Les Éditions d'Organisation, 1997.

17. Yves BAREL, « Le grand intégrateur », in *Connexions* n° 56, 1990.

sociétés dites post-industrielles de l'âge démocratique, reste encore, pour la grande majorité de leurs membres, à la fois une nécessité objective et une valeur. C'est pourquoi le chômage reste toujours une épreuve »[18]. Mais le chômage a augmenté considérablement depuis des années et ne semble pas près de reculer. D'où diverses recherches et réflexions pour promouvoir, à la place de la logique classique de l'emploi salarié, une logique de l'activité, ou de la pluri (ou poly) activité, pour diversifier les modes de participation à la vie de la collectivité et développer d'autres formes d'intégration sociale[19]. Ces tentatives sont utiles et ouvrent la voie à différentes démarches d'analyse et d'expérimentation sociale. Mais elles n'ont pas encore initié de nouvelles pratiques, encore moins renversé la tendance. Comme l'exprime Denis Clerc, « nous n'avons pas su trouver de substitut au travail. Ce dernier demeure le mode de socialisation essentiel. (...) Être privé d'emploi, ce n'est pas seulement tomber dans la précarité économique, faute de revenu, c'est aussi être privé de relations, de rôle, de fonction. Bref, d'utilité reconnue. L'homme sans travail a besoin de la société pour vivre, mais la société n'a plus besoin de lui : le drame du chômage est d'abord là dans cette perte de la dignité, dans ce renvoi aux poubelles de l'histoire »[20].

La troisième source de tension, ou de déstabilisation, c'est l'internalisation de la précarité, c'est-à-dire le transfert sur l'individu de processus socio-économiques qui lui sont – pour une large part – extérieurs. Le chômeur ou le salarié vulnérable n'ont pas d'objet externe contre lequel lutter. Ils ne défileront pas dans la rue, auront des difficultés à partager autour d'eux leurs inquiétudes et risquent fort de chercher en eux-mêmes les causes de ce qui leur arrive. L'environnement, y compris ceux qui veulent les aider, les y incitera le plus souvent. Les notions de projet personnel et professionnel, d'employabilité, de motivation, sont à cet égard ambiguës. Elles peuvent conduire à survaloriser la dimension individuelle et psychologique d'événements dont la personne n'est en général que peu responsable. Les explications de la perte d'emploi ou de la précarité par le manque d'employabilité, de projet ou de motivation sont fréquentes, bien qu'insuffisantes. Tautologiques, culpabilisatrices, mystifiantes, elles ne facilitent pas une réelle intelligence des situations et la préservation de l'identité personnelle.

Soumis à ces tensions, de nombreux salariés vivent aujourd'hui douloureusement les mutations du monde du travail et de l'entreprise, qui les fragilise, leur

---

18. Dominique SCHNAPPER, *L'épreuve du chômage*, Gallimard, 1994.
19. Xavier GAULLIER, « La pluriactivité à tout âge », in *Le travail, quel avenir ?* Gallimard, 1997.
20. Denis CLERC, « Nous n'avons pas su trouver de substitut au travail », *Le Monde*, 22 mars 1995.

impose des remises en cause non désirées ou les exclut. Les analystes des phénomènes de transitions, au niveau individuel (psychothérapeutes) ou collectif (historiens, sociologues, consultants), nous apprennent que ces transitions sont douloureuses. Il faut faire le deuil du passé, qui ne reviendra plus, et se préparer à un futur, par définition difficile à appréhender. Il faut surtout continuer à vivre dans un état intermédiaire instable, un entre-deux, où les règles du jeu anciennes ne fonctionnent plus et les nouvelles pas encore. Cette traversée du désert, William Bridges, qui fut d'abord consultant en management des transitions au niveau individuel avant d'annoncer la fin de l'emploi traditionnel, la nomme la « zone neutre », et la décrit comme une période de vide et de confusion[21]. Andrew Grove, le patron d'Intel, parle de la nécessité de traverser la « vallée de la mort », lorsque l'entreprise doit faire face à des points d'inflexion stratégiques, où des changements radicaux (de produits, de management, de culture) s'imposent[22]. Les consultants d'Andersen Consulting indiquent que des psychologues ont qualifié ce moment où il faut accepter d'abandonner ses repères et de perdre pour un temps le contrôle de la situation, la « vallée du désespoir ». Peut-être en sommes-nous là aujourd'hui, et faut-il comprendre ainsi le succès du livre de Viviane Forrester dénonçant l'« horreur économique[23] ».

Pour notre part, nous chercherons dans ce livre à regarder la précarité en face. Notre approche n'est ni pessimiste, ni optimiste, mais elle part du constat que la période est difficile. Nous avons recherché, à partir d'une réflexion globale et d'une observation des nouvelles pratiques émergentes dans les entreprises à identifier et à décrire les nouvelles compétences dont doivent désormais faire preuve les managers dans un univers de précarité. Nous les avons regroupées en quatre compétences majeures, ou macro-compétences, qui sont développées dans les chapitres suivants :

- cultiver le sens stratégique, ou savoir préparer l'avenir dans un environnement incertain,

- comprendre et intégrer la logique des processus, ou savoir gérer et améliorer des flux d'activités produisant de la valeur ajoutée pour des clients,

- manager des projets, ou savoir piloter des organisations transversales temporaires,

- développer les compétences, ou savoir sans cesse apprendre et donner aux autres des occasions d'apprendre.

---

21. William Bridges, *Transitions, making sense of life's changes*, Nicolas Brealey Publishing, 1996.
22. Andrew Grove, *Seuls les paranoïaques survivent*, Village Mondial, 1997.
23. Viviane Forrester, *L'horreur économique*, Fayard, 1996.

Chapitre 3

CULTIVER LE SENS STRATÉGIQUE

LA STRATÉGIE N'EST PLUS CE QU'ELLE ÉTAIT

L'époque est incertaine, turbulente. Bien sûr, beaucoup d'autres le furent et tout présent est un tournant entre un passé désormais stabilisé, donc rassurant, et un futur par nature inconnu, donc inquiétant. Pierre Morin rappelle à juste titre que les Trente Glorieuses bénéficient de l'effet « Belle Époque » qui nous fait regarder le passé avec nostalgie, même s'il ne fut pas nécessairement un présent plus agréable à vivre que le présent d'aujourd'hui[1].

Même s'il n'existe pas d'indicateur objectif de la turbulence, nous avons le sentiment de vivre une époque où beaucoup de certitudes sont remises en cause. Les entreprises, les managers, les conceptions du management sont dans l'œil du cyclone. Comment comprendre et interpréter ce qui se passe aujourd'hui ? Vers quel avenir se dirige-t-on ? Les réponses, les repères ou les systèmes permettant d'expliquer le monde dans lequel nous nous agitons font désormais cruellement défaut.

---

1. Pierre MORIN, *L'art du manager, de Babylone à l'Internet*, Les Éditions d'Organisation, 1997.

Dans un tel contexte, faire de la stratégie, du management stratégique a-t-il encore un sens ? Nous pensons que oui, à condition d'envisager la stratégie autrement. En fait les managers sont, et seront probablement de plus en plus amenés à penser le futur de leurs entreprises, de leurs fonctions, de leurs rôles dans un environnement instable, pour une large part imprévisible. C'est précisément parce que tout bouge de plus en plus vite que la compétence stratégique devient critique. La stratégie peut se définir comme l'art de survivre et de se développer dans son environnement en utilisant au mieux ses ressources. Le manager peut pratiquer cet art en l'appliquant à son entreprise, à son unité de travail ou à lui-même. La précarité des situations en rend l'exercice à la fois plus difficile et plus nécessaire.

On ne peut plus aujourd'hui faire de la stratégie comme hier, ou avec les méthodes d'hier. L'approche classique est celle de la planification stratégique et la logique de la prévision. Selon cette approche, l'avenir est connaissable. On pense qu'il est écrit quelque part et qu'en recherchant suffisamment d'informations, en faisant appel aux bons experts, on pourra en décrire les grandes lignes. En prenant en compte les données ainsi recueillies, les dirigeants concevront une stratégie en fonction des objectifs de l'entreprise, la traduiront en plans, programmes d'action et budgets, et déclineront sa mise en œuvre aux différents niveaux de la structure.

Ce mode de raisonnement et d'action stratégiques est toujours dominant, mais il ne fonctionne plus très bien. Il est souvent complété ou remplacé par un autre modèle, plus adapté aux instabilités de l'époque actuelle. Nous appellerons ce nouveau modèle, en développement mais minoritaire, le « management stratégique de l'incertitude ». Il s'est construit à partir de la critique, théorique et en actes, de l'approche de la stratégie par la prévision et la planification.

Le courant français de la prospective, inventée il y a plus de quarante ans par Gaston Berger, Pierre Massé et Bertrand de Jouvenel, et diffusée aujourd'hui par Jacques Lesourne et Michel Godet (entre autres), intéresse désormais les entreprises qui souhaitent renouveler leurs démarches stratégiques. Ainsi l'Oréal, Elf-Aquitaine, La Poste, France Télécom, EDF, la SNCF, pratiquent la prospective stratégique d'entreprise[2]. Le postulat de base de la prospective est qu'à un instant donné il existe plusieurs futurs possibles (parfois appelés les futuribles). La prospective considère l'investigation des différents avenirs possibles comme un préalable à l'élaboration de stratégies. Elle s'oppose en

---

2. Jacques LESOURNE, Christian STOFFAES, avec Arie DE GEUS, Michel GODET, Assad Émile SAAB, Peter SCHWARTZ, *La prospective stratégique d'entreprise*, concepts et études de cas, InterÉditions, 1996.

cela à tout un courant de futurologie ou « science du futur » anglo-saxon (Toffler, Kahn, Wiener) qui cherche à décrire le monde de demain, l'avenir unique auquel il convient de se préparer.

PETIT BOUQUET DE RÉFLEXIONS PROSPECTIVES

« L'avenir est la raison d'être du présent ; il faut considérer l'avenir non plus comme une chose déjà décidée et qui, petit à petit, se découvrirait à nous, mais comme une chose à faire ».

GASTON BERGER

« L'avenir est pour l'homme, en tant que sujet connaissant, domaine d'incertitude, et pour l'homme, en tant que sujet agissant, domaine de liberté et de puissance. Je maintiens que l'avenir est ouvert et m'en réjouis, puisqu'il m'appartient d'y intervenir autrement qu'en marionnette ».

HUGUES DE JOUVENEL

« Nous avons besoin d'une science de l'à-peu-près, d'une sorte de typologie sociale nous aidant à nous orienter dans un monde de plus en plus complexe et changeant, où l'imagination complétée par le discernement tente d'identifier les faits porteurs d'avenir. Il ne s'agit pas de deviner l'avenir, comme le font sans risques les prophètes et les futurologues, mais d'aider à le construire, d'opposer au hasard des choses, l'anti-hasard créé par la volonté humaine ».

PIERRE MASSE

« L'avenir, c'est le hasard et la nécessité, plus la volonté ».

JACQUES LESOURNE

« L'avenir n'est écrit nulle part, il reste à faire. »

MICHEL GODET

« La prédiction est une imposture. »

MICHEL GODET

« Face à l'incertitude et aux potentialités de l'avenir, trois attitudes sont possibles. Passive (subir le changement...), réactive (attendre le changement pour réagir), et prospective dans le double sens de la préactivité et de la proactivité. La préactivité, c'est se préparer à un changement anticipé, alors que la proactivité, c'est agir pour provoquer un changement souhaité. »

MICHEL GODET

On peut considérer comme proches des prospectivistes les praticiens qui introduisirent la méthode des scénarios à Shell, à partir des années 70 : Peter Wack, Peter Schwartz, Arie de Geus, Kees van der Heijden. Ils firent travailler les managers de Shell sur le scénario d'une augmentation importante du prix du pétrole avant la crise de 1973 et leur permirent ainsi de s'y préparer, alors que personne n'était enclin à l'envisager, car cela ne s'était jamais produit. Quand ils quittèrent Shell, ils devinrent consultants et diffusèrent l'approche de la stratégie par les scénarios. Les scénarios sont un outil pour penser la diversité des avenirs possibles et construire des actions stratégiques qui « tiennent la route » quelles que soient les éventualités rencontrées[3].

Ces hommes formés à l'école de la Shell citent les travaux d'un neurologue suédois, David Ingvar. Celui-ci a mis en évidence que le cerveau explore sans cesse, même quand nous n'en sommes pas conscients, de nombreuses hypothèses, ou alternatives, quant aux situations auxquelles nous allons être confrontés et aux conduites à tenir. C'est en répétant mentalement des futurs possibles et les réponses que nous pouvons apporter que nous nous préparons à faire face à la réalité, même si celle-ci se révèle différente de ce que nous avions envisagé. Le cerveau anticipe différentes pistes à court terme (pour les minutes qui viennent) et à moyen et long termes (pour des mois, voire des années). Une personne moyenne produirait environ 60 % de pistes correspondant à un univers favorable et 40 % de pistes correspondant à un univers défavorable. En somme, la méthode des scénarios nous est naturelle. Ingvar parle d'une mémoire du futur, une mémoire de tous les avenirs envisageables, qui n'essaye pas de prédire l'avenir, mais nous permet de nous y préparer en nous constituant une bibliothèque d'actions nous évitant d'être pris au dépourvu.

La prospective et l'approche par les scénarios remettent en cause l'idée d'un futur prévisible, fondée sur une logique déterministe. Elles rejoignent les réflexions de scientifiques qui, comme Ilya Prigogine, prix Nobel de chimie en 1977, constatent eux aussi « la fin des certitudes »[4]. Pour lui, nous assistons aujourd'hui à un renouvellement de la science et les raisonnements déterministes, comme ceux de Newton en physique, doivent être revus. Les systèmes naturels sont instables, chaotiques et peu prévisibles. Il convient de raisonner en termes d'hypothèses, de probabilités, de possibilités. Le démon de Laplace, être imaginaire devant permettre de prévoir l'évolution d'un système à partir de la connaissance de tous ses paramètres, n'existera jamais. Pour Prigogine « nous pensons nous situer au point de départ d'une nouvelle rationalité qui n'identifie plus science et certitude ».

GÉRER L'IMPRÉVISIBLE

À côté de la prévision, l'autre principe du modèle classique de la stratégie, la planification, est également remis en question aujourd'hui. Dans son ouvrage

---

3. Peter SCHWARTZ, *The art of the long view*, Currency Doubleday, 1991 ; Kees VAN DER HEIJDEN, *The art of strategic conversation*, Wiley, 1996.
4. Ilya PRIGOGINE, *La fin des certitudes*, Odile Jacob, 1995.

« Grandeur et décadence de la planification stratégique », Henry Mintzberg explique pourquoi les systèmes de planification stratégique, qui eurent leurs heures de gloire dans les entreprises des années 60 aux années 80, ont en général échoué[5]. La planification stratégique repose sur des hypothèses qui, poussées trop loin, sont devenues des erreurs. D'abord l'hypothèse de prédétermination, qui, ainsi que nous l'avons vu, est devenue inadaptée dans un monde de plus en plus instable et imprévisible : l'analyse de ce qui se passe aujourd'hui ne suffit pas pour savoir de quoi demain sera fait. Ensuite l'hypothèse de détachement, qui a conduit à séparer la pensée de l'action, la stratégie des managers de terrain. Ainsi, en privilégiant les chiffres par rapport au vécu ou au contact avec les réalités professionnelles, les systèmes de planification stratégique n'ont en général reposé que sur une connaissance partielle et superficielle de l'entreprise. Troisième hypothèse, troisième erreur : la formalisation. La planification stratégique développe des démarches d'analyse, des méthodes et des outils d'étude et de décisions stratégiques, selon une logique déductive qui applique des modèles au réel. Mais cela ne saurait garantir la production d'une bonne stratégie, dont la conception suppose aussi et surtout de l'intuition, de l'imagination, une connaissance interne et rapprochée des réalités professionnelles, un art de la synthèse. Et Mintzberg conclut en résumant ainsi la grande erreur de la planification : « parce que l'analyse n'est pas la synthèse, la planification stratégique n'est pas la formation de la stratégie ». Les systèmes de planification stratégique peuvent préparer la stratégie ou organiser sa mise en œuvre mais ils ne permettent pas de la concevoir. Fondamentalement, la stratégie ne peut être planifiée et pour Mintzberg l'expression « planification stratégique » est autocontradictoire. Et ce Canadien de nous rappeler qu'en vieux français on appelle cela un oxymoron.

Pour illustrer les différences entre le raisonnement stratégique selon le modèle traditionnel de la prévision-planification et selon le modèle du management stratégique de l'incertitude, prenons un exemple. Celui de la conquête du marché américain de la moto par Honda, au début des années 60[6].

À la fin des années 50, Honda est le premier producteur de motos au monde, mais absent du marché américain, dominé par Harley-Davidson. La firme japonaise crée sa filiale américaine en 1959. Le marché est de 500 000 véhicules. En 1960 Honda vend 2 500 machines. Cinq ans plus tard, il contrôle plus de 50 % d'un marché passé à plus de 1,3 million de véhicules. Que s'est-il passé ?

---

5.   Henry MINTZBERG, *Grandeur et décadence de la planification stratégique*, Dunod, 1994.
6.   Henry MINTZBERG, James Brian QUINN, Sumantra GHOSAL, *The strategy process, european edition*, Prentice Hall, 1995.

En 1975, le Boston Consulting Group (BCG) présente au gouvernement britannique un rapport intitulé « Choix stratégiques pour l'industrie britannique des motocycles ». Il explique le succès de Honda en termes d'économies d'échelle, de productivité, de courbe d'expérience. Produisant en grandes quantités à un coût bas, le leader japonais, après avoir conquis son marché intérieur, décide d'exporter sur le marché américain. Il le conquiert à son tour en exploitant son avantage comparatif au niveau des prix et par une politique de publicité agressive ciblant les classes moyennes s'ouvrant aux loisirs (« you meet the nicest people on a Honda »).

L'étude du BCG fut rendue publique par le gouvernement britannique et se diffusa aux États-Unis. Elle servit de base à la rédaction d'études de cas sur Honda, discutées dans les cours de stratégie des affaires des plus grandes business schools (Harvard Business School, UCLA, University of Virginia...). La morale de l'histoire était claire : Honda avait gagné parce que les Japonais avaient conçu la meilleure stratégie et l'avaient mise en œuvre.

Jusqu'à ce jour de 1982 où Richard T. Pascale, enseignant à la Stanford Graduate School of Business et consultant, interviewa au siège de la société, à Tokyo, les six principaux responsables de cette aventure[7]... Il apprit ainsi que rien de ce qui s'était passé n'avait été prévu ou planifié. Les Japonais n'avaient pour toute stratégie que de « voir si nous pouvions faire quelque chose aux États-Unis ». Lors de leurs premières visites, ils furent assez perplexes et ne pensaient pas pouvoir conquérir, au bout de plusieurs années, plus de 10 % des importations de motos sur le marché américain. Ils ne connaissaient pas ce marché et le prirent souvent à contre-pied : mauvaise coordination avec les distributeurs, arrivée à la fin de la saison commerciale, etc. Ils cherchèrent pendant plusieurs années à vendre des grosses cylindrées, alors que le public et les distributeurs demandaient les petites cylindrées. Ces grosses cylindrées s'adaptèrent mal au mode de conduite américain, plus rapide qu'au Japon. D'où des ennuis techniques : fuites d'huile et problèmes d'embrayage. Effets déplorables sur une image naissante. Ne disposant plus des grosses cylindrées, en réparation au Japon, et constatant que les petites cylindrées, qu'ils utilisaient pour leurs propres déplacements, suscitaient autour d'eux le plus vif intérêt, ils se résolurent enfin à les vendre, et leur succès fut rapide et considérable. Quant à la campagne de publicité « You meet the nicest people on a Honda » qui eut un fort retentissement et cassa l'association moto = Hell's Angels, elle partit d'une idée d'un étudiant, reprise par l'agence Grey Advertising, mais divisa l'équipe Honda qui faillit ne pas la retenir.

---

7. Richard Tanner PASCALE, *Managing on the edge, how the smartest companies use conflict to stay ahead*, Simon and Schuster, 1990.

Ce cas nous semble riche d'enseignements. La première lecture de la conquête du marché américain de la moto par Honda, celle du BCG et des business schools, est celle du modèle classique. Dans cette approche, la pensée stratégique analyse, prévoit, conçoit la stratégie et la planifie (la programme). Elle précède et commande l'action stratégique qui met ensuite en œuvre la stratégie envisagée.

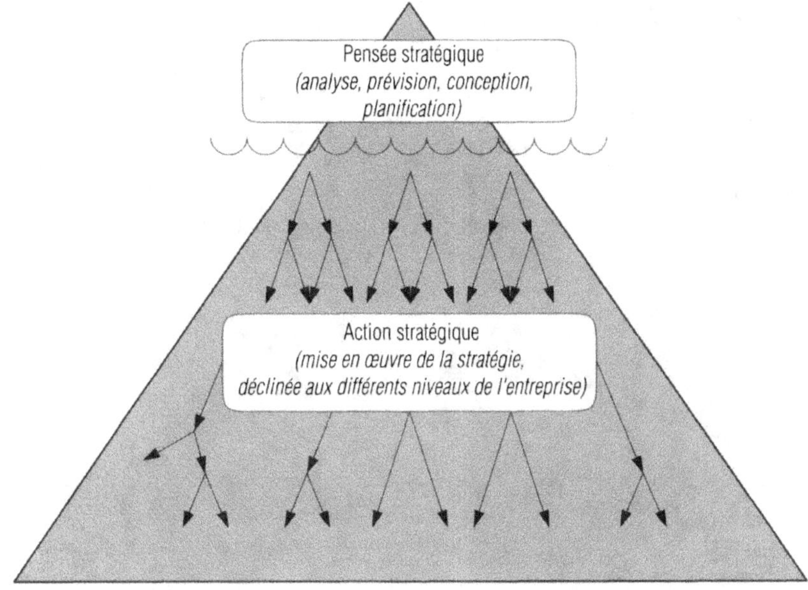

Le modèle stratégique classique

Ce modèle sépare pensée et action, fait siens les principes de prédétermination, de détachement et de formalisation évoqués précédemment, et utilise divers outils et procédures spécialisés (analyse du positionnement concurrentiel, courbe d'expérience etc.). Sa logique est essentiellement analytique et mécaniste : il faut identifier les éléments et les mécanismes des entreprises sur leur marché pour prendre les bonnes décisions et agir sur les bons leviers d'action.

L'accès au vécu des acteurs, à travers les entretiens menés par Pascale, montre qu'en fait les choses ne se sont pas passées comme cela. L'explication par le modèle classique est une reconstruction *a posteriori*. L'action des représentants de Honda en territoire américain a été une succession de tâtonnements, d'essais et d'erreurs, de découvertes fortuites, de cheminements désordonnés, d'hésitations. Il n'y avait pas de grande stratégie au départ. La stratégie s'est construite progressivement, à travers l'action en se confrontant aux situations de terrain. Elle s'est moins traduite par un contenu, en termes d'objectifs, d'analyse économique ou de programme d'actions, que par un processus, une démarche d'adaptation persévérante, d'apprentissage fondé sur l'expérimentation.

Cette approche de la stratégie caractérise le modèle du management stratégique de l'incertitude. À partir d'une stratégie intentionnelle (ou d'une intention stratégique) globale (« voir ce que l'on peut faire aux États-Unis »), la primauté est donnée à l'action. Une part de ce qui était envisagé n'est pas réalisé (les grosses cylindrées ne se vendent pas). Des événements imprévus se réalisent (les petites cylindrées se vendent très bien). Mintzberg appelle cela la stratégie émergente. À partir d'une réflexion sur les retours d'expériences, sur les résultats de l'action par rapport aux intentions, la pensée stratégique s'élabore peu à peu, fondée sur la découverte des modes d'action efficaces.

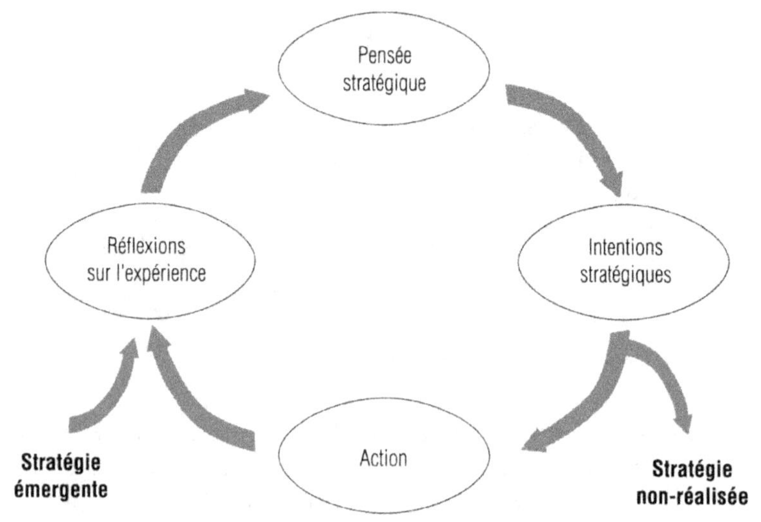

Le modèle du management stratégique de l'incertitude
(la stratégie comme processus d'apprentissage par l'action)

Dans ce modèle, la pensée n'est pas coupée de l'action. Elle est liée à l'action, alimentée par l'action. La démarche est plus inductive que déductive : il s'agit moins de faire passer un plan dans le réel que de découvrir progressivement ce réel, les processus qui y sont à l'œuvre, pour s'y adapter.

Les méthodes et outils d'analyse et de décision stratégiques peuvent être utiles, mais la priorité n'est plus là. Ce qui compte avant tout c'est la capacité, individuelle et collective, d'apprendre à partir de l'action, de tirer les enseignements de la pratique. L'approche n'est plus mécanique mais organique : il ne s'agit plus d'actionner des rouages et des leviers, mais d'aider au développement de systèmes vivants... et intelligents.

La différence entre ces deux modèles stratégiques vient de loin, et plonge au plus profond de l'homme et des civilisations. Mintzberg rappelle les études sur le cerveau qui font apparaître que l'hémisphère gauche semble, pour les droitiers, être la base d'un mode de pensée linéaire, séquentiel, ordonné, privilégiant l'analyse, et l'hémisphère droit le centre d'un mode de pensée simultané, global, relationnel, privilégiant la synthèse et l'intuition. Pour lui chacun a besoin des deux hémisphères pour « planifier du côté gauche et manager du côté droit »[8].

D'autres relient les oppositions de logiques de pensée et d'action que nous avons étudiées aux caractéristiques des traditions occidentales et orientales. Dans leur livre consacré au marketing à la japonaise, le Suédois Johansson et le Japonais Nonaka, qualifient les Japonais de « stratèges intuitifs » et décrivent la préférence de ceux-ci pour l'expérimentation, par la pratique des essais et des erreurs sur le terrain, plutôt que pour les études de marché et la préparation rationnelle de stratégies grandioses[9].

Quatre siècles avant Jésus-Christ, Sun Tzu faisait déjà l'éloge de la stratégie de la souplesse et de l'adaptation. Avec d'autres penseurs chinois, il rappelait qu'il n'y a rien de plus faible que l'eau mais qu'elle s'insinue partout en épousant le relief. Le philosophe et sinologue François Jullien distingue l'efficacité à l'occidentale, qui consiste à mettre en œuvre un plan projeté à l'avance et l'efficacité pour le stratège chinois, qui consiste à éviter la dépense et la résistance en exploitant le potentiel des situations et en se laissant porter par le mouvement des choses, en comprenant qu'un effet est d'autant plus grand qu'il n'est pas visé[10].

STRATÉGIE ET ORGANISATION

Le manager qui cherche à développer et à enrichir ses compétences stratégiques, à cultiver pour lui et autour de lui un sens stratégique qui se nourrit d'analyse et de synthèse, d'action, de réflexion et d'intuition, est conduit à

---

8. Henry Mintzberg, « Planning on the left side and managing on the right », *Harvard Business Review*, juillet-août 1976.
9. Johny Johansso, Ikujiro Nonaka, *Le marketing à la japonaise, philosophie et pratique*, Village Mondial, 1997.
10. François Jullien, *Traité de l'efficacité*, Grasset, 1996.

travailler les liens entre stratégie et organisation. Dans la pratique ces deux domaines sont encore le plus souvent cloisonnés. Les spécialistes de la stratégie (dirigeants, managers fonctionnels des services de planification, de stratégie ou de prospective, économistes, consultants en stratégie) se préoccupent peu d'organisation et de management au quotidien. Les spécialistes de l'organisation (managers opérationnels, organisateurs internes, consultants en organisation) sont peu mis à contribution dans la formation de la stratégie. Les premiers s'intéressent aux relations de l'entreprise avec son environnement et à son évolution à moyen terme, les seconds s'efforcent de la faire fonctionner au mieux dans le cadre existant.

Pourtant une meilleure connaissance des articulations entre les caractéristiques de l'environnement de l'entreprise, ses formes de pensée et d'action stratégique et ses modes d'organisation permet de mieux comprendre l'évolution des modèles stratégiques décrite précédemment, et les conditions d'efficacité ou non de ces modèles.

De nombreux travaux d'analyse des organisations ont permis de dégager, parmi beaucoup d'autres, deux dimensions essentielles indépendantes l'une de l'autre, caractérisant les pratiques de management et le fonctionnement des entreprises :

– le degré de formalisation,

– le degré de centralisation.

Ces deux dimensions concernent tous les aspects, ou sous-systèmes, de l'entreprise et de son management :

– les stratégies (orientations prioritaires, missions, objectifs),

– les structures (organigramme et structures-projets, définition des fonctions et des rôles, circuits de communication et instances de coordination),

– les techniques et les processus (professionnels, de gestion économique de gestion des ressources humaines),

– la culture (valeurs communes, comportements collectifs) et les compétences (savoirs et savoir-faire).

Les différents aspects d'une entreprise (stratégies, structures, techniques et processus, culture et compétences) peuvent être :

– fortement formalisés, : structuration des activités, explicitation des règles et des objectifs, rédaction des procédures, importance de l'écrit, approche mécaniste de l'organisation...,

- ou faiblement formalisés : gestion intuitive, recherche de la souplesse, de la flexibilité et de la réaction rapide aux évolutions de l'environnement, prédominance des relations directes, *intuitu personae*, du contact avec le terrain, de l'implicite et du tacite, approche organique de l'organisation…,

- fortement centralisés : forte distance hiérarchique entre les chefs et leurs collaborateurs, absence de délégation, lignes hiérarchiques longues…,

- ou faiblement centralisés : proximité entre chefs et collaborateurs, larges délégations, lignes hiérarchiques courtes[11]…

Par ailleurs, les études font apparaître, en moyenne et avec des exceptions, une relation inverse

- entre le degré de formalisation de l'organisation et le degré d'incertitude de l'environnement, c'est-à-dire son instabilité, son imprévisibilité, son évolution non programmable,

- entre le degré de centralisation de l'organisation et le degré de complexité de l'environnement, c'est-à-dire l'hétérogénéité des éléments qui composent cet environnement et des interactions entre ces éléments.

L'ensemble des points que nous venons d'évoquer peut être synthétisé et visualisé sous forme de schéma (voir page suivante).

Pour la commodité de l'illustration, sous forme de typologie, l'espace continu est découpé en cinq quadrants. Les dénominations indiquées pour chaque forme d'organisation sont indicatives. D'autres termes pourraient qualifier chaque forme.

Cette typologie présente l'avantage de casser la pensée unique dans le domaine du management stratégique. Il n'y a pas une seule façon de faire de la stratégie, pas de « one best way ». La logique est ici celle de la théorie contingente des organisations, la logique du « cela dépend », comme le rappelle Mintzberg[12]. Différentes approches de la stratégie sont adaptées ou non en fonction des différents contextes internes et externes des entreprises. Ainsi :

- le modèle stratégique classique est adapté à un environnement peu incertain, mais il se déclinera différemment dans une bureaucratie classique (quadrant 1), où prédominera la programmation, l'approche budgétaire, et

---

11. Jean SIMONET, *Pratiques du management en Europe, gérer les différences au quotidien*, Les Éditions d'organisation, 1992.

12. Henry MINTZBERG, *Le management : voyage au centre des organisations*, Les Éditions d'Organisation, 1990.

dans une entreprise professionnelle (organisme de recherche, société de matière grise, quadrant 2), où s'élaboreront des projets d'experts, à forte connotation technique à la fois autonomes et concurrents,

— le modèle de management stratégique de l'incertitude correspond bien à un environnement imprévisible, mais peut se pratiquer sur un mode centralisé, en général prédominant en univers professionnel simple (quadrant 3), où l'intuition, la vision du chef suffit, ou sur un mode décentralisé, en général incontournable en univers complexe, où les processus d'adaptation et d'apprentissage sont nécessairement collectifs (quadrant 4),

— l'entreprise multidivisionnelle et multiproduits (quadrant 5) combinera ces deux modèles en utilisant à la fois une large panoplie d'outils formels d'analyse et de décision stratégique (évaluation des forces et des faiblesses, des opportunités et des menaces, matrices de gestion des portefeuilles de produits et d'activités, etc.) et des savoir-faire acquis par l'expérience.

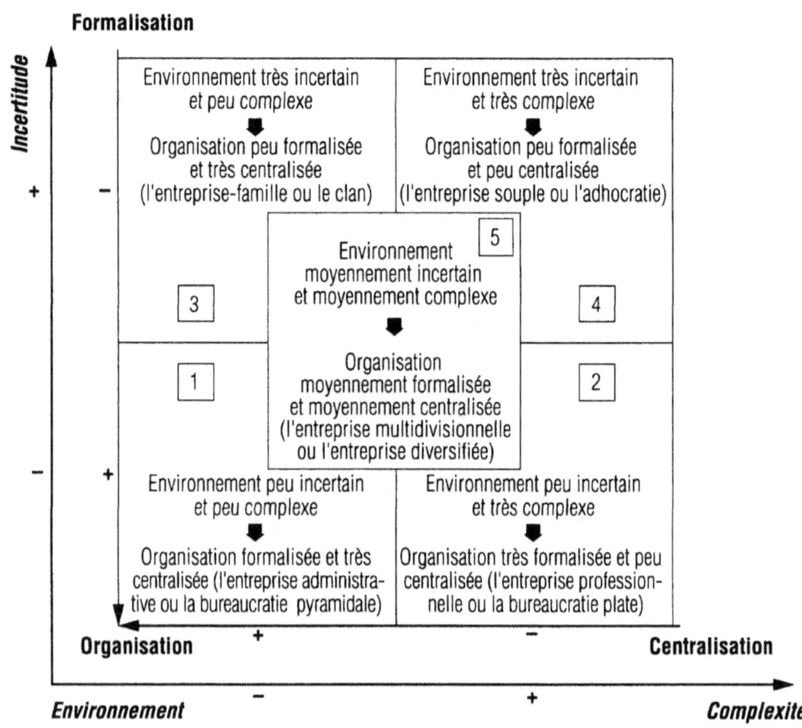

Types d'environnement et formes d'organisation

À travers les deux dimensions de la formalisation et de la centralisation, deux caractéristiques de toute stratégie sont envisagées :

– la dimension de la formalisation, qui renvoie à la question de la formulation de la stratégie : est-elle d'abord et surtout écrite, ou orale ?

– la dimension de la centralisation, qui renvoie à la question de la formation de la stratégie : est-elle seulement, ou pas seulement, l'affaire de la direction ?

Les principaux caractères des cinq logiques stratégiques identifiées à partir des cinq formes d'organisation sont repris dans le schéma ci-après.

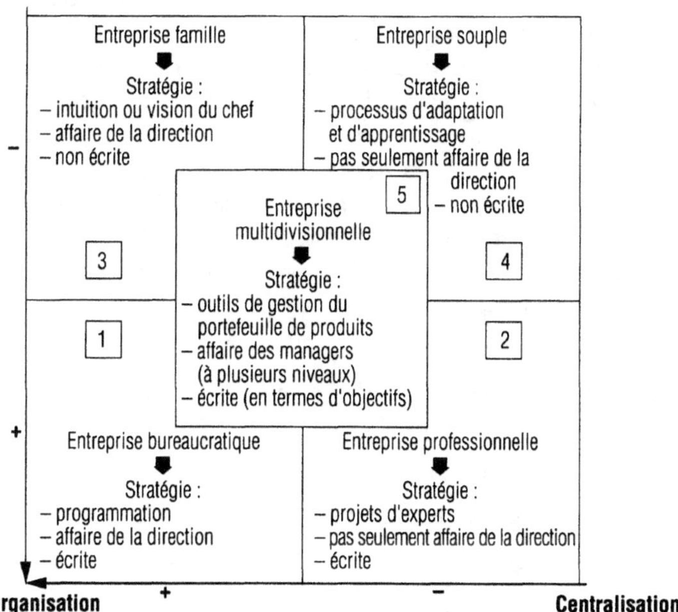

Formes d'organisation et logiques stratégiques

Cette typologie est bien sûr une abstraction, un modèle d'analyse virtuel, un « type idéal » au sens de Max Weber. Aucune entreprise réelle ne correspond entièrement à une forme d'organisation pure et ne se réduit à deux dimensions. Il n'y a pas de déterminisme strict ou total entre type d'environnement, forme d'organisation et logique stratégique. La réalité est plus riche, plus diversifiée, et ne se laisse pas enfermer dans des schémas. Chaque entreprise est unique et relève d'une approche clinique, ou individuelle, visant à comprendre ses spécificités pour conduire une action efficace qui est le propos du manager.

C'est pourquoi l'intérêt de la typologie n'est pas, nous semble-t-il, d'acquérir un pseudo-savoir sur les entreprises permettant de les épingler dans telle ou telle catégorie, mais de servir de grille de lecture, de questionnement et de découverte pour améliorer notre connaissance et notre intelligence des situations. C'est dans ce sens que nous allons maintenant présenter une synthèse méthodologique pour la conduite d'une démarche stratégique.

PISTES POUR MANAGERS STRATÈGES

Après avoir remis en cause le modèle traditionnel en matière de stratégie et insisté sur la diversité des logiques possibles en fonction des contextes, nous allons rassembler ce qui pour nous est l'essentiel du management stratégique aujourd'hui sous forme de grands points de repères pour l'action. Dans une optique de complémentarité entre les différentes approches, jusqu'alors souvent présentées en opposition les unes par rapport aux autres. Mais de plus en plus de managers, et plus seulement les dirigeants, doivent développer des compétences en matière de stratégie, s'impliquer dans des démarches stratégiques, au niveau macro (l'entreprise) et micro (l'unité de travail), et pour cela être capables de s'approprier l'essentiel de l'état de l'art, dans toute la diversité des façons de faire.

La démarche stratégique peut se définir comme la mise en œuvre coordonnée de sept ensembles de pratiques :

1 – la formulation des buts poursuivis,

2 – la connaissance de l'environnement,

3 – la connaissance de l'entité ou du système concerné,

4 – la conception de la stratégie,

5 – la programmation de l'action,

6 – l'action,

7 – l'évaluation de l'action.

L'entité ou le système concerné par la démarche stratégique peut être une entreprise, ou un sous-ensemble de celle-ci (division, établissement). Ce peut-être aussi une fonction individuelle, dès lors qu'un manager pratique la stratégie en se l'appliquant à lui-même. Dans tous les cas, on raisonnera sur un domaine d'activités relativement autonome et homogène (domaine d'activités stratégique ou strategic business unit).

Dans la logique du modèle traditionnel de la stratégie, les sept ensembles de pratiques se succèdent de façon linéaire et séquentielle, et la démarche privilégie l'analyse, le quantitatif, l'utilisation de méthodes formelles et rationnelles. Dans la logique du management stratégique de l'incertitude, les sept ensembles de pratiques sont des composantes de la démarche stratégique dont l'ordre varie, qui peuvent être pour une part menées simultanément, et la priorité est donnée à l'action et à la connaissance intuitive issue de l'expérience. Le manager stratège aura bien sûr intérêt à savoir utiliser l'une et l'autre logique en les dosant et les alternant en fonction des possibilités ou des exigences des situations.

Guide pour une démarche stratégique

Pratiques stratégiques	Exemples de questions
1. La formulation des buts poursuivis	• Quel est le grand dessein stratégique, quelles sont les intentions stratégiques à moyen ou long terme ? • Quelle est la raison d'être de l'entité, quelles sont ses missions fondamentales ? • Quelles sont les orientations prioritaires, les objectifs clés ? • Quels sont les services apportés ? À quels types de clients ou utilisateurs ?
2. La connaissance de l'environnement	• Quelle est la position de l'entité par rapport aux principaux acteurs externes : – clients, – fournisseurs, – concurrents (actuels ou potentiels), – autres acteurs ? • Quels sont les éléments déterminants de l'environnement économique, social, professionnel, technologique, etc. ? • Quels sont les facteurs-clés de réussite dans le secteur professionnel ? Comment se situe l'entité par rapport à ces facteurs de réussite ? • Quelles sont les caractéristiques (techniques et économiques) des différents produits et services ? • Que disent les clients, et les personnels en contact avec les clients, des produits et des services ? • Quelles sont les opportunités et les menaces en provenance de l'environnement ? • Quels sont les principaux facteurs de changement ? • Dans quelle mesure l'avenir est-il prévisible ou incertain ? • Quels scénarios peut-on construire quant aux évolutions possibles de l'environnement ?

▶

Pratiques stratégiques	Exemples de questions
3. La connaissance de l'entité	• Quelles sont les forces (atouts) et les faiblesses (handicaps) ? • Quelles sont les ressources (humaines, techniques, matérielles, financières) ? Comment sont-elles utilisées et gérées ? • Quel est le portefeuille de compétences ? En quoi les compétences sont-elles distinctives et sources d'avantages compétitifs spécifiques durables ? • Que disent les différentes parties prenantes, les acteurs internes et externes connaissant l'entité sur ses performances et son fonctionnement ?

4. La conception de la stratégie	• Quel est l'éventail des choix stratégiques ? Quels sont les scénarios relatifs aux avenirs possibles, probables, souhaitables ? Quels types de décisions permettent de faire face au mieux à l'incertain ?
	• Dans quelle mesure juge-t-on utile d'avoir recours :
	  – aux stratégies génériques : domination par les coûts et des prix compétitifs, et/ou différenciation, et/ou spécialisation (focalisation sur une part du marché, ou « niche »)
	  – aux recommandations génériques découlant d'analyses des produits ou services : développement, transformation ou abandon de tel ou tel secteur d'activité ?
	• Qui décide de la stratégie et qui est impliqué, ou non, dans sa conception ? Comment est-elle formulée ? Quel est son degré de diffusion ?
	• Dans quelle mesure les dimensions d'organisation sont-elles intégrées dans l'élaboration et dans le contenu de la stratégie ?

5. La programmation de l'action	• Comment se prépare la traduction de la stratégie dans l'action ? • La stratégie est-elle déployée sous forme de plans (ou programmes) d'action précisant les actions à entreprendre, les responsabilités, les échéances, les modalités de suivi et d'évaluation ? • À coté des actions stratégiques par filières professionnelles, prépare-t-on des actions transversales impliquant des spécialistes appartenant à divers univers professionnels ? • Dans quelle mesure les plans d'action stratégiques sont-ils intégrés à l'organisation ? Quel est leur degré de souplesse ou d'adaptation face à l'incertitude ? Quelle est la marge de manœuvre de ces plans d'action ou par rapport à eux ?
6. L'action	• Qui met en œuvre la stratégie ? Comment ? Que se passe-t-il au cours de cette mise en œuvre ? Le passage à l'action est-il suivi, accompagné, piloté ? • Dans l'action, quelle est la part du programmé, de l'anticipé et la part de l'inattendu, de l'imprévu ? La gestion de la stratégie permet-elle une adaptation par essais-erreurs et un apprentissage par la pratique ?

Pratiques stratégiques	Exemples de questions
7. L'évaluation de l'action	• Quels sont les résultats de la mise en œuvre de la stratégie ? Qu'est-ce qui a été réalisé et qu'est-ce qui ne l'a pas été ? Quelle est la part de la stratégie émergente par rapport à la stratégie délibérée ? • Quelles leçons tirer de l'expérience : – quant au fond : nouveaux éléments pour la connaissance de l'entité dans son environnement ou pour le contenu de la stratégie future, – quant aux modalités du management stratégique et de la démarche stratégique.

Chapitre 4

COMPRENDRE ET INTÉGRER LA LOGIQUE DES PROCESSUS

VERS UN MANAGEMENT TRANSVERSAL

L'évolution de l'environnement remet en cause l'organisation des entreprises. Le modèle traditionnel de la grande entreprise pyramidale, verticale, structurée par fonctions ou par métiers, après avoir permis des progrès considérables (gains de productivité fondés sur les économies d'échelle permettant une production de masse), n'est plus aussi efficace. Il devient trop lourd, trop coûteux, pas assez réactif, trop loin du client.

Ce modèle fordiste, taylorien, possédait les caractéristiques de la bureaucratie telles que les avait définies Max Weber : une formalisation des règles et une prédominance de l'écrit dans les relations de travail, une centralisation de l'autorité, une étroite spécialisation des rôles.

Les théories des organisations nous ont appris que la bureaucratie correspond à un univers où l'organisation maîtrise bien un environnement simple et stable. Si celui-ci évolue vite, de façon imprévisible, si la concurrence est forte, ce mode d'organisation devient un handicap.

Aujourd'hui les formes d'organisation post-bureaucratiques, post-fordiennes, post-tayloriennes fleurissent et chaque analyste du management les qualifie en fonction de sa grille de lecture :

– adhocratie, ou structure par projets (Mintzberg),

– organisation « infiniment plate » ou « en toile d'araignée » (Quinn),

– pyramide inversée (Carlzon),

– fédération (Handy),

– entreprise post-hiérarchique en grappes (Quinn Mills),

– etc.

Les études sur le terrain font surtout apparaître l'importance de l'organisation autour des processus. Un processus est un système d'activités produisant un résultat représentant une valeur pour un client (interne ou externe). L'entreprise est désormais de plus en plus envisagée comme un ensemble de processus à gérer et à transformer sans cesse pour s'adapter en continu.

L'émergence du management par les processus a pu parfois être empirique, en réponse aux exigences des nouvelles situations auxquelles étaient confrontées les entreprises. Ailleurs elle a pu être accélérée par la pratique de différentes approches se référant explicitement à la notion de processus : qualité totale, reengineering (ou business *process* reengineering), production maigre ou allégée (lean production), méthodes de conduite de projets, etc. Nous aurons l'occasion de revenir sur ces différentes approches pour en apprécier l'intérêt, mais aussi les limites ou les conditions d'efficacité.

Pour l'instant, il nous semble d'abord important d'examiner en quoi l'approche par les processus modifie les schémas classiques du management. En premier lieu, la notion de processus est dynamique, par rapport à l'approche habituelle du travail par activité ou tâches. Le processus est mouvement, même si l'on cherche parfois à le stabiliser, et la logique des processus est celle du change-ment continu. Imaï, le théoricien du kaïzen (progrès permanents à petits pas), a estimé que l'industrie japonaise devait « à son mode de pensée tourné vers les processus » d'avoir atteint son niveau de compétitivité sur les marchés mondiaux[1].

---

1. Maseaki IMAI, *Kaïzen : la clé de la compétitivité japonaise*, Eyrolles, 1989.

En second lieu, la logique des processus bouscule le fonctionnement ordinaire de l'entreprise et l'oblige à se recentrer sur ce qu'elle apporte réellement, ou non, au client. Pour Pierre Jocou, ancien directeur de la qualité chez Renault, « un processus sans client identifié est une aberration » et « l'entreprise n'a pas pour mission de produire des objets ou des services, mais de la valeur pour ses clients »[2].

Enfin, la logique des processus est transversale. C'est une logique horizontale qui traverse les fonctions, les métiers, les spécialités, les disciplines. C'est une logique de décloisonnement qui s'oppose à la logique des filières et des structures. À côté du management vertical, qui s'appuie sur la hiérarchie et sur la technique et qui tend à développer des cultures de défense de territoire, de surqualité par la recherche de l'excellence technique, de complexification spontanée de l'organisation ou d'inflation des effectifs, le management par les processus, ou le management transversal, recherche en permanence la meilleure satisfaction du client en termes de valeur, c'est-à-dire de rapport qualité-coût.

Management vertical et management transversal sont à la fois contradictoires et complémentaires. Le management vertical représente, à travers ses métiers et ses techniques, le cœur du développement futur de l'entreprise. Le management transversal, qui gère la valeur créée dans l'immédiat, favorise son adaptation continue.

Le management vertical tend à développer des logiques de spécialités et d'unités. C'est le monde des compétences techniques et de terrain, ou de la « rationalité substantive » pour utiliser le concept d'Herbert Simon[3] : on recherche la solution optimale (*one best way*), dans des situations-problèmes clairement définies, en utilisant des démarches connues et formalisées.

Le management transversal s'appuie au contraire sur des logiques et des compétences génériques qui sont indépendantes des contextes professionnels et organisationnels. Il met en pratique la « rationalité procédurale » de Simon, qui s'efforce d'inventer par tâtonnements successifs, dans un milieu incertain, des solutions simplement satisfaisantes, non optimales mais réalistes. Les compétences ne portent plus sur le « quoi faire » du spécialiste, du technicien, mais sur le « comment faire », de celui qui propose une démarche pour concevoir une réponse, une action. Ces compétences dépassent ou traversent les domaines disciplinaires ou les spécialités et peuvent être, elles aussi, qualifiées de transversales. La transversalité a un double aspect, organisationnel et cognitif.

---

2. Pierre JOCOU, Pierre MEYER, *La logique de la valeur*, Dunod, 1996.
3. Herbert A. SIMON, *Models of bounded rationality*, MIT-Press, 1982.

Aujourd'hui la performance globale d'une organisation ne dépend plus d'abord de la performance individuelle de chacun de ses membres dans le cadre de ses fonctions, mais surtout de la mise en cohérence des différentes contributions. Sans cette mise en cohérence, le simple cumul des performances individuelles peut fort bien déboucher sur une mauvaise performance collective. Cette mise en cohérence n'est plus assurée, une fois pour toutes, par les structures et les procédures, mais doit être construite et adaptée en permanence selon la logique flexible des processus, de la production de la valeur et des services au client. Le management transversal recherche cette cohérence et cette articulation entre fonctions. Il gère les interfaces, les interstices, les blancs entre les cases de l'organigramme, désormais essentiels.

Des travaux américains récents[4] redécouvrent l'importance des profils de compétences en « T », des « T-men » dont parlait déjà Peter Drucker dans les années soixante. Ces « hommes-T » ont une double compétence. Spécialistes, ils maîtrisent un domaine, un métier, un ensemble de pratiques de terrain (la barre verticale du T). Généralistes, ils dépassent leur discipline et développent des savoir-faire d'intégration et de coordination, entre différents univers professionnels (la barre horizontale du T). Ils facilitent la traduction entre les langages spécialisés ou locaux et des langages communs, plus partagés (langage des processus, du management, de la qualité...). Ils aident au pilotage de l'entreprise en évitant le développement des chapelles, la cacophonie, la balkanisation. Ils sont souvent à la source d'innovations, qui naissent, comme on le sait, du croisement des logiques et d'associations mentales ou matérielles inattendues.

Dans les temps incertains que nous vivons, chaque manager a intérêt à développer à la fois ses compétences verticales et ses compétences transversales. L'organisation traditionnelle produit surtout des managers unidimensionnels, spécialistes d'un domaine sans vision globale, ou au contraire des généralistes sans ancrage dans la pratique. À chacun de se construire et d'entretenir un portefeuille de compétences équilibré comprenant les deux types de compétences, verticales et transversales.

Dans l'immédiat, nous allons examiner plus précisément les compétences liées à la gestion des processus.

---

4. Mario Iansiti, « Real world R-D : jumping the product generation gap », *Harvard Business Review*, mai-juin 1993.

IDENTIFIER ET ANALYSER
LES PROCESSUS DANS L'ENTREPRISE

La norme internationale ISO 8402, relative au vocabulaire de la qualité, définit un processus comme un « ensemble de moyens et d'activités qui transforment des éléments entrants en éléments sortants ».

Les commentaires de la norme précisent que :

– tout travail est accompli par un processus,

– le processus est (ou devrait être) une transformation qui ajoute de la valeur,

– un produit est le résultat d'activités ou de processus,

– le processus implique des moyens (ou ressources) qui peuvent inclure le personnel, les finances, les installations, les équipements, les techniques et les méthodes[5].

La même norme ISO définit une procédure comme une « manière spécifiée d'accomplir une activité » et note que dans de nombreux cas les procédures sont écrites, exprimées par des documents.

Une procédure est donc la formalisation d'une façon de faire, au niveau d'une activité. Elle détaille le comment. Un processus est un mécanisme plus global de transformation impliquant plusieurs activités, normalement créateur de valeur pour un client. Il se situe au niveau du quoi et du pour quoi (ou pour qui).

Un processus peut d'abord être considéré comme une « boîte noire ». On ne s'occupe pas de ce qu'il y a dans la boîte mais on cherche à caractériser ce qui en sort, ce qui y rentre et la transformation effectuée (output, input, throughput, disent les Anglo-Saxons).

Dans une logique client-fournisseur, on pourra identifier des acteurs (clients et fournisseurs, internes ou externes à l'entreprise), des produits (résultats du processus, qu'il s'agisse de produits matériels ou de services) et des flux relatifs aux produits et à l'information.

L'analyse du processus comme boîte noire permet un regard externe sur quelques éléments fondamentaux :

– est-il clairement identifié et défini ?

– quelles sont ses performances ?

---

5. AFNOR, *Gérer et assurer la qualité*, AFNOR, 1994.

– dans quelle mesure est-il piloté ou maîtrisé ? (à partir d'un historique des performances).

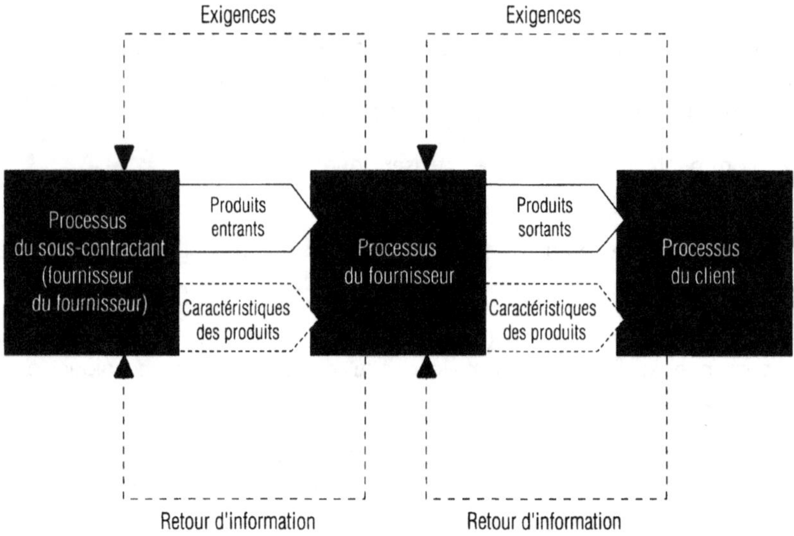

Le processus comme boîte noire dans la chaîne des relations client-fournisseur

Si l'on ouvre la boite noire, on va s'intéresser au fonctionnement interne du processus, mettre à plat l'enclenchement des activités et la circulation des flux de produits et d'information, examiner le qui fait quoi, comment, où et quand.

Il conviendra d'examiner au cas par cas l'utilité, la faisabilité et les limites ou les risques ainsi que les modalités techniques et méthodologiques d'une telle analyse. Jusqu'à quel niveau de détail convient-il d'ausculter le processus et le travail de ceux qui en sont les acteurs, les opérateurs ? Les réponses sont à trouver en situation, en fonction des objectifs poursuivis, des caractéristiques du processus étudié, de la culture d'entreprise et des relations entre acteurs.

Les outils permettant ce type d'analyse sont les diagrammes de flux et d'activités, et plus largement toutes les techniques de représentation imagée des processus dont les formes sont variées et peuvent être constamment améliorées, adaptées, simplifiées en fonction des besoins et des désirs des utilisateurs.

Dans l'exemple ci-après, c'est la logique d'action qui est visualisée. On peut aussi faire apparaître à l'intérieur de la boîte noire les échanges internes de produits et de flux d'informations en terme de relations clients-fournisseurs, comme nous l'avons fait précédemment, pour la représentation externe du processus.

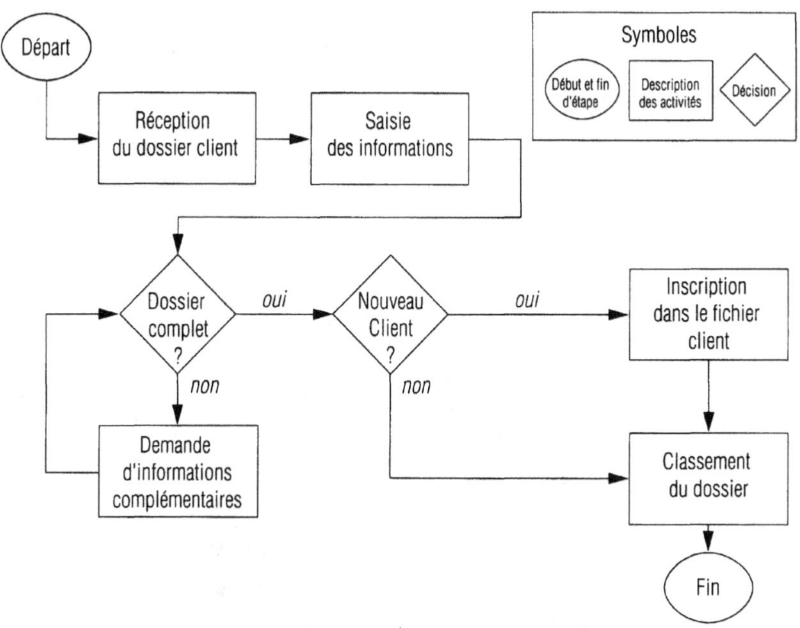

L'ouverture de la boîte noire : exemple de diagramme d'activités

L'ouverture de la boîte noire permet l'analyse du « qui fait quoi », à travers les diagrammes précédents, ou des tableaux de répartition des activités, des rôles ou des responsabilités entre acteurs du processus.

Acteurs (qui...) ⇨ **Activités, rôles ou responsabilité (... fait quoi)** ⇩	A	B	C	etc.
1				
2				
3				
etc.				

L'ouverture de la boîte noire : tableaux de répartition des activités,
rôles ou responsabilités entre acteurs.

Ces techniques d'analyse peuvent se pratiquer sur des processus de taille et d'importance diverses. L'entreprise est un réseau de processus.

Il est souvent utile de distinguer les processus globaux, ou macro-processus et les processus élémentaires, ou micro-processus. Les premiers (par exemple la production ou la gestion des ressources humaines) sont peu nombreux, les seconds (par exemple la fabrication d'un équipement, la formation) sont multiples. Des tâches aux macro-processus, le travail de (et dans) l'entreprise peut s'analyser comme un emboîtement de systèmes d'action « en poupées russes ».

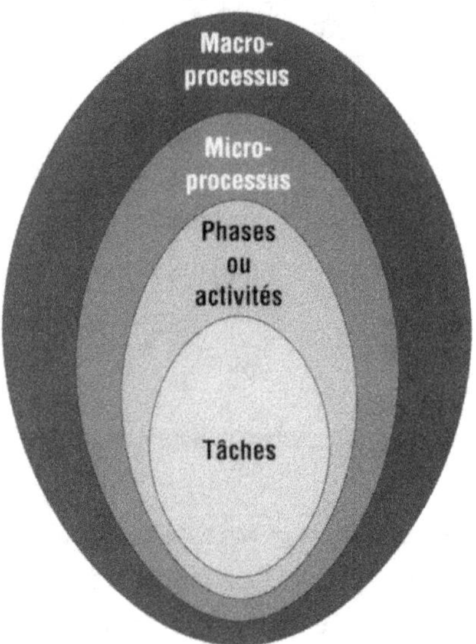

Le travail des macro-processus aux tâches et inversement

Autre distinction utile pour repérer les processus à l'œuvre dans l'entreprise, établir leur cartographie et comprendre leur articulation et leur dynamique :

- les processus centraux, primaires, ou opérationnels, qui sont directement créateurs de valeur pour le client parce qu'ils contribuent à la réalisation du produit : conception, production, réalisation,

- les processus de support, secondaires, ou d'appui, qui n'apportent pas de prestation directe au client, mais dont la raison d'être est d'accroître l'efficacité des processus centraux.

Enfin, on distinguera les processus répétitifs, qui s'inscrivent dans une certaine permanence, au moins à court terme, et les projets qui sont des processus uniques et temporaires.

Ces définitions et ces différentes techniques d'analyse doivent permettre une meilleure compréhension des processus existant dans l'entreprise. À partir de là, le manager peut chercher à mieux les gérer.

CONCEVOIR ET AMÉLIORER LES PROCESSUS

Bien gérer un processus, c'est d'abord mettre à plat son fonctionnement, s'interroger sur son utilité en termes de création de valeur pour le client, et modifier régulièrement tout ce qui doit changer pour accroître sa performance en cohérence avec les autres processus de l'entreprise.

On peut viser une amélioration progressive, pas à pas, comme dans les approches de qualité totale. C'est le progrès continu par petites avancées successives qu'on retrouve dans le kaïzen, l'approche incrémentale.

Autre approche : celle de la rupture. En remettant tout à plat et en partant de l'essentiel, c'est-à-dire du client, on cherche des innovations en profondeur susceptibles d'entraîner des progrès importants. C'est l'approche du reengineering (refonte, reconfiguration ou reconception des processus). Selon sa définition officielle par Michael Hammer et James Champy, le reegineering est « une remise en cause fondamentale et une redéfinition radicale des processus opérationnels pour obtenir des gains spectaculaires dans les performances critiques que constituent aujourd'hui les coûts, la qualité, le service et la rapidité »[6].

Le guide que nous proposons ci-après permettra au manager de passer à l'action selon l'une ou l'autre approche, progressive ou radicale.

---

6.   Michael HAMMER, James CHAMPY, *Le reengineering*, Dunod, 1993.

Guide pour l'amélioration/conception d'un processus

PHASE 1 : LE CHOIX DU PROCESSUS

Points clés	Outils éventuels
■ Identifier les principaux processus de l'entreprise ou du secteur concerné : • processus globaux (macro-processus) et processus élémentaires (micro-processus) • processus centraux (primaires) et processus de support (secondaires) • processus permanents (récurrents) et processus temporaires (projets)	■ Diagramme(s) des processus dans l'entreprise
■ Sélectionner un processus à améliorer • important pour l'entreprise et pour ses clients • dont les performances sont insuffisantes • qu'on estime pouvoir améliorer facilement, avec des résultats visibles et mesurables • qui fait partie du domaine de responsabilité de ceux qui vont l'améliorer • que les différents acteurs transversaux concernés (fonctions, services) ont intérêt et avantage à améliorer	■ Tableau d'analyse multicritères
■ Mettre en place une structure projet pour conduire l'action d'amélioration • système de pilotage et de validation • chef de projet • équipe de projet : 7 à 8 personnes représentant les acteurs de terrain impliqués dans le processus • méthodes de management de projet	■ Techniques et principes de management de projet

Conseils pratiques
- ➪ *Adapter la démarche et les outils au contexte et à la culture de l'entreprise, en tenant compte en particulier de son degré d'ouverture à la logique des processus*
- ➪ *Les principaux pièges à éviter :*
  - *– lancer l'opération sans en expliquer les finalités, sans prendre en compte les inquiétudes éventuelles sur son impact (conséquences sur l'emploi, l'organisation, les métiers)*
  - *– privilégier les logiques internes par rapport à la logique de service au client*
  - *– rechercher la seule réduction des coûts et non l'amélioration de la valeur*
  - *– passer trop de temps à améliorer des processus mineurs*

PHASE 2 : LA DESCRIPTION DU PROCESSUS

Points clés	Outils éventuels

■ Désigner le processus
  • nom
  • pilote
  • acteurs du processus (fonctions, unités)
 	
■ Identifier et décrire
  • les sorties :
    – produits – services fournis
    – clients
    – attentes ou exigences des clients
  • les entrées
    – produits – services apportés
    – fournisseurs
    – attentes ou exigences par rapport aux fournisseurs
  • les activités et leurs liens
    – activités ou groupes d'activités
    – flux matériels ou flux d'informations
    – combinaison logique ou chronologique des activités
	■ Techniques de description et d'analyse des processus : diagrammes de flux et d'activités (flow-charts), schémas d'analyse systémique, tableaux de répartition des rôles ou des activités, etc.

Conseils pratiques

➪ *Décrire le processus réel pratiqué, non le processus théorique prescrit*

➪ *Séparer la description de l'existant (phase 2) de sa critique (phase 3)*

➪ *Rester simple et opérationnel :*
  – il s'agit de comprendre l'essentiel du processus, pas d'en examiner tous les détails
  – l'analyse sera d'autant moins approfondie qu'on envisage une transformation radicale du processus à partir des besoins des clients
  – les techniques de description (schéma, diagrammes, tableaux) doivent rester lisibles pour les différents acteurs concernés.

PHASE 3 : L'ÉVALUATION DU PROCESSUS

Points clés	Outils éventuels

■ Reformuler et repréciser, si nécessaire, les appréciations, attentes et exigences des clients
 	
■ Évaluer globalement le processus
  • clarté de l'identification et de la définition
  • performances
  • modes de management et d'organisation
  • degré de maîtrise du processus
	■ Toutes formes d'enquête auprès des clients
	
	■ Questionnaire d'analyse des points clés d'un processus

▶

■ Évaluer de façon plus approfondie le processus, en fonction des nécessités
   • par un examen critique ou une remise en question systématique de tous ses aspects : résultats, activités, méthodes, temps, lieu, fonctions et rôles
   • par une identification et un traitement des principaux problèmes ou dysfonctionnements relevés dans le déroulement du processus
	■ Analyse critique d'un processus par questionnement systématique
	■ Méthode et outils de résolution de problèmes

Conseils pratiques

⇨ *Alterner et doser l'analyse rigoureuse, structurée par un questionnement systématique et l'approche intuitive, partant des idées s'exprimant spontanément*

⇨ *Faire participer ou consulter les différents acteurs concernés par le processus, y compris des clients ou des fournisseurs*

PHASE 4 : LA CONSTRUCTION DU NOUVEAU PROCESSUS

Points clés	Outils éventuels
■ Rechercher de nombreuses idées d'amélioration, de transformation ou d'innovation relatives au processus (résultats, activités, organisation)	■ Techniques de créativité ■ Liste indicative d'idées pour modifier un processus

■ Sélectionner les domaines et les idées prioritaires de changement du processus en prenant en compte des critères tels que
   • l'efficacité (atteinte des objectifs)
   • la qualité (satisfaction des attentes du client)
   • l'efficience (rapport résultats / coûts)
   • la facilité de mise en œuvre
   • la cohérence par rapport aux autres processus et au fonctionnement du reste de l'entreprise
	■ Tableau d'analyse multicritères

■ Identifier et définir le nouveau processus
   • désignation : nom, pilote, acteurs
   • description des points clés :
      – sorties, entrées, activités et liens entre activités
      – performances, organisation et management
	■ Questionnaire d'analyse des points clés d'un processus
	■ Techniques de description et d'analyse des processus

■ Faire valider le nouveau processus et élaborer un plan d'action pour sa mise en œuvre	■ Plan d'action

PHASE 5 : LA MISE EN ŒUVRE DU NOUVEAU PROCESSUS

Points clés	Outils éventuels

■ Mettre en place progressivement le nouveau processus
  • Préparation et accompagnement au niveau de l'organisation et de la gestion des ressources humaines
  • Tests et expérimentations
  • Bilans et ajustements
	■ Plan d'action

■ Établir et consolider les règles de pilotage et de fonctionnement du nouveau processus	■ Questionnaire d'analyse des points clés d'un processus

Ce guide représente bien sûr un cheminement indicatif, destiné à aider à la construction des itinéraires réels, et non un parcours standard. Nous souhaitons donner au manager des repères pour l'action, pas l'inciter à se brancher sur le « pilote automatique », qu'Eileen Shapiro définit avec humour comme ce « mode de fonctionnement super efficace puisqu'il permet de ne pas avoir à prendre du recul pour réfléchir »[7].

Les outils évoqués sont, pour la même raison, spécifiés comme « éventuels ». Ils appartiennent à trois catégories :

— la méthode et les outils de résolution de problème, qui constituent une base méthodologique classique et toujours utile, et ont été largement diffusés dans le cadre des programmes qualité depuis les années quatre-vingt (nous renvoyons aux ouvrages spécialisés[8] pour une connaissance plus approfondie),

— les principes et les techniques de gestion de projet, que nous détaillerons plus loin,

— les techniques d'analyse et d'organisation des processus, dont certaines ont déjà été décrites (la boîte noire, les diagrammes d'activités et de flux, les tableaux de répartition des activités, des rôles ou des responsabilités), et

---

7. Eileen C. SHAPIRO, *Surf managérial, retrouver le courage de diriger à l'époque des réponses toutes faites*, Éditons First, 1996.

8. Voir par exemple : Alain Michel CHAUVEL, *Méthodes et outils pour résoudre un problème*, Dunod, 1996 ; Pierre LEMAITRE, Henri-Pierre MADERS, *L'efficacité du tertiaire par l'analyse de la valeur des processus*, Les Éditions d'Organisation, 1991 ; Henri MITONNEAU, *Changer le management de la qualité : sept nouveaux outils*, AFNOR-Gestion, 1989 ; Jean SIMONET, *Le management d'une équipe, guide pour négocier, animer, former*, Les Éditions d'Organisation, 1994.

dont trois autres sont présentées dans les pages qui suivent (questionnaire d'analyse des points clés d'un processus, analyse critique d'un processus par questionnement systématique, liste indicative d'idées pour modifier un processus).

Questionnaire d'analyse des points clés d'un processus

■ **LE PROCESSUS EST-IL CLAIREMENT IDENTIFIÉ ET DÉFINI ?**
- début et fin du processus
- sorties, entrées, activités et flux
- documentations, procédures

■ **QUELLES SONT LES PERFORMANCES DU PROCESSUS ?**
- qualité (satisfaction des clients)
- efficacité (résultats par rapport aux objectifs ou exigences)
- efficience (résultats par rapport aux ressources utilisées, productivité)
- délais

■ **COMMENT LE PROCESSUS EST-IL MANAGÉ ET ORGANISÉ ?**
- existence et rôle d'un responsable identifié (leader ou pilote) du processus
- caractéristiques et rôles des opérateurs du processus
- modalités d'organisation
- ressources et moyens
- contexte et environnement

■ **QUEL EST LE DEGRÉ DE MAÎTRISE DU PROCESSUS ?**
- indicateur et modalités de suivi des performances
- degré de stabilité des performances dans la durée
- modalités de traitement des incidents, dysfonctionnements, déviations par rapport à la norme, etc.
- modalités d'amélioration continue ou régulière du processus

Analyse critique d'un processus par questionnement systématique

La pratique actuelle (du processus ou de ses activités)	La remise en question	La recherche d'améliorations	L'option retenue
Qu'est-ce qui est fait ?	Pourquoi est-ce nécessaire ?	Que pourrait-on faire d'autre ?	Que va-t-on faire d'autre ?
Comment est-ce fait ?	Pourquoi de cette façon ?	Comment pourrait-on faire autrement ?	Comment va-t-on le faire ?
Quand est-ce fait ?	Pourquoi à ce moment ?	À quel autre moment est-ce que cela pourrait être fait ?	Quand va-t-on le faire ?
Où est-ce fait ?	Pourquoi à cet endroit ?	À quel autre endroit est-ce que cela pourrait être fait ?	Où va-t-on le faire ?
Qui le fait ?	Pourquoi cette (ou ces) personne(s) ?	Qui d'autre pourrait le faire ?	Qui va le faire ?

Liste indicative d'idées pour modifier un processus

Les éléments du changement (par questions clés)	Pistes de progrès éventuels (à travailler)
Les résultats et les activités (le QUOI)	• éliminer un processus, des services au client, des activités ou des tâches non nécessaires • produire éventuellement de nouveaux services attendus par le client, ajouter des activités manquantes • supprimer ou réduire les travaux en double, n'ajoutant pas de valeur ajoutée, le perfectionnisme et les complexifications superflues • faire la chasse aux gaspillages et à la non-qualité sous toutes ses formes • regrouper ou combiner certains travaux

▶

Les éléments du changement (par questions clés)	Pistes de progrès éventuels (à travailler)
Les méthodes (le COMMENT)	• mieux mesurer les performances, le suivi, l'évaluation et le pilotage du processus • mieux connaître et contrôler les coûts • améliorer ou simplifier l'organisation, les méthodes et les façons de faire • éliminer les efforts, les routines ou les formalités sans objet, les dérives ou les déviations • développer la responsabilisation, la polyvalence, l'auto-contrôle • mieux utiliser les moyens ou les technologies, automatiser
Le temps : durées, moment, délais (le QUAND)	• réduire les pertes de temps, les attentes, les interruptions • changer le moment où est effectué un travail, l'ordre des tâches ou des activités • passer d'une succession d'activités menées en séquentiel à un chevauchement, une simultanéité ou une intégration de ces activités
Le lieu (le OÙ)	• raccourcir les circuits, réduire les déplacements • mieux coordonner le processus avec son environnement (autres processus, partenaires dans et hors de l'entreprise)
Les fonctions et les rôles (le QUI)	• changer de lieu, modifier l'implantation, les locaux, le contexte du travail • changer les affectations, les rôles, les fonctions, les responsabilités • développer les compétences • développer le travail en équipe • mieux impliquer les personnes concernées, à différents titres, par le processus • externaliser

Gérer et adapter les processus passe en général par l'utilisation d'une démarche et d'outils tels que ceux qui précèdent. Mais ceux-ci ne sauraient pour autant garantir le succès. Les approches de management par les processus les plus largement diffusées, la qualité totale et le reengineering, ne débouchent pas le plus souvent sur les résultats attendus. Le manager qui ne veut pas se bercer d'illusions devra comprendre pourquoi.

TIRER LES LEÇONS DES ÉCHECS DU REENGINEERING ET DE LA QUALITÉ TOTALE

Le reengineering échoue dans 50 % à 70 % des cas, selon Hammer et Champy, ceux-là mêmes qui ont lancé la méthode ! Leur société de conseil, CSC Index, après enquête auprès de 500 grandes entreprises aux États-Unis et 125 en Europe, en 1994, précise que 33 % déclarent avoir obtenu d'excellents résultats, 42 % des résultats médiocres et 25 % des échecs complets. Bien sûr, pour les pères du reengineering un tel pourcentage d'échecs n'a rien d'obligatoire et de définitif. Il prouve que la méthode est difficile et ambitieuse, et que les entreprises s'y prennent mal..

Le taux de réussite des opérations de qualité totale est du même ordre. Elles ne procurent des résultats tangibles que dans 20 à 30 % des cas, selon différentes enquêtes, menées au début des années 90 auprès de sociétés américaines et européennes par de grands cabinets de conseil (A.T. Kearney, Arthur D. Little, Ernst and Young).

Même si les deux méthodes sont différentes, l'une visant à l'amélioration progressive des processus, l'autre à leur transformation radicale, les causes d'échec ou d'inefficacité peuvent se regrouper en trois grandes catégories.

D'abord un engagement insuffisant des dirigeants. C'est un grand classique pour toute action de changement : elle ne se fera que si la direction (générale ou locale) s'implique, c'est-à-dire lui consacre du temps, de l'énergie, y participe, donne l'exemple, et manifeste de façon visible et crédible un investissement authentique et durable. Toutes choses en général connues mais peu pratiquées. Les managers au sommet ont peu de temps, commandent un changement pour l'entreprise, c'est-à-dire pour les autres, achètent des solutions standard dont ils escomptent des effets automatiques, font des effets d'annonce, changent de priorités ou de préoccupations... ou disparaissent appelés ailleurs à d'autres responsabilités. Les programmes lancés, souvent nécessaires, parfois efficaces dans un premier temps, dépérissent faute d'intégration durable et en profondeur dans l'entreprise.

Deuxième cause d'échec : l'oubli du client. Les enquêtes de CSC Index mettent en évidence que si, outre-Atlantique, le reengineering sert d'abord à améliorer la satisfaction du client, les firmes européennes l'utilisent d'abord pour réduire les coûts. Le risque est par ailleurs d'engager une action de reengineering sans la validation d'une stratégie produit-marché. « À quoi bon refondre son organisation, mettre en place des processus opérationnels, bouleverser les habitudes de travail si l'offre de l'entreprise est mal positionnée sur son marché », explique Jacques Tassel, du cabinet A.T. Kearney[9].

Pour ce qui concerne la qualité, l'amélioration des processus a été souvent conduite selon une logique technicienne plus que selon une logique de service au client et a souvent débouché sur un management par les procédures et une augmentation de la formalisation et des documents. Jean-René Fourtou, P-DG de Rhône-Poulenc et président du Mouvement Français pour la Qualité, constate : « On a beaucoup investi pour améliorer la fiabilité des processus, mais pas assez pour diffuser le réflexe de la préoccupation permanente du client ». Pour lui « le problème c'est que notre formation et nos pratiques d'ingénieurs ne nous ont pas habitués à développer des attitudes commerciales ou des relations de partenariat »[10].

Troisième cause d'échec : la non-prise en compte du personnel et des réalités de terrain. Toute conception ou modification des processus définie en dehors des opérationnels court le risque d'être, au moins en partie, inapplicable, parce que coupée de la pratique et du concret, ou inappliquée, parce que non admise par des personnes qui n'auront pas participé à son élaboration.

Bien souvent, ce risque n'est pas perçu et pas géré. Le reengineering, qui se définit comme une démarche impulsée du sommet (top-down) et radicale, visant des résultats spectaculaires, peut également provoquer des contre-effets considérables. Il peut engendrer le stress, la démotivation, la déresponsabilisation et supprimer un système imparfait mais qui fonctionne pour chercher à le remplacer par un système parfait sur le papier mais non réalisable. Le fait qu'il révèle d'éventuels sureffectifs et peut avoir pour conséquences des réductions d'emploi ne simplifie pas les choses. L'entreprise et les managers qui décident d'y avoir recours doivent réfléchir avant de s'engager et gérer une telle opération avec circonspection.

Plus largement, il importe de prendre en compte ce que les échecs nous rappellent : l'entreprise, n'est pas seulement l'univers de la rationalité technique ou économique, c'est aussi un système humain. Comprendre et intégrer la logique des processus, c'est également savoir faire la part des processus répétitifs, que l'on peut stabiliser et mettre « sous contrôle », et la part des processus plus complexes, plus aléatoires, moins facilement maîtrisables, qui

---

9. In Nathalie HAMOU, « Le "reengineering" s'étend des deux côtés de l'Atlantique », *La Tribune Desfossés*, 30 août 1994.
10. In Jean-René FOURTOU, « La qualité, c'est une organisation tournée vers le client », interview par Nathalie Hamou, *La Tribune Desfossés*, 15 mars 1994.

sont à l'œuvre dans le corps social. Le fantasme de l'entreprise programmable, selon l'expression de Frédérik Mispelblom, est souvent implicite dans les opérations d'amélioration de la qualité ou de la productivité[11]. Il est source de bien des déconvenues dans des organisations qui deviennent de plus en plus intelligentes, donc imprévisibles.

---

11. Frédérik MISPELBLOM, *Au-delà de la qualité, conditions de travail et politiques du bonheur*, Syros, 1995.

Chapitre 5

MANAGER DES PROJETS

LES NOUVELLES PRATIQUES
DE MANAGEMENT DE PROJET

Un projet est un processus unique et temporaire. Il se distingue en cela des processus répétitifs, ou opérations, traditionnellement considérés comme plus facilement maîtrisables, même si, nous venons de le voir, les activités stabilisées sont de plus en plus rares dans les entreprises.

Jusqu'à ces dernières années la conduite de projet restait une activité spécifique à un nombre limité d'entreprises dans des secteurs professionnels tels que le nucléaire, l'aéronautique, le bâtiment et les travaux publics, l'informatique... Depuis peu, elle concerne tous les secteurs et de nombreux domaines d'activité : développement de nouveaux produits, mais aussi de nouveaux processus, de nouvelles méthodes d'organisation et de management. Pour s'adapter à un environnement de plus en plus éclaté, incertain et complexe, les entreprises développent des structures transversales, processus permanents ou projets. Tout manager, de même qu'il peut être concerné par la gestion ou l'amélioration des processus, peut être ainsi impliqué, « mobilisé » dans une logique de projet, que ce soit au titre de chef de projet, de membre d'une équipe de projet ou d'interlocuteur des précédents dans la structure fonctionnelle verticale classique.

Existe-t-il un savoir sur les méthodes de la gestion de projet ? Telle est la question que s'est posé en 1989 Gérard Dubrulle, chargé du développement du management des cadres supérieurs chez Renault, à qui la direction générale avait demandé de monter une formation pour les futurs directeurs de projet de l'entreprise. « Un travail pour lequel je n'avais guère d'éléments sur lesquels m'appuyer.(...). Ma seule piste : un chercheur, Christian Navarre, professeur à l'université d'Ottawa »[1].

Après avoir rencontré Christian Navarre, Gérard Dubrulle organise en 1990, à Montréal, un atelier de travail d'une semaine permettant des échanges d'expériences entre directeurs de projets de différentes entreprises = Renault, Spie-Batignolles, Cap Sesa, Northern Télécom, Rank Xerox... La rencontre fut très riche. Le club de Montréal, qui a continué à se réunir par la suite, a contribué à révéler et à formaliser des méthodes de gestion de projet efficaces et novatrices par rapport au modèle habituellement pratiqué.

Le modèle classique, ou standard, de gestion de projet s'est développé aux États-Unis, à partir de la fin des années 60, dans le cadre du développement des grands projets militaires, spatiaux ou nucléaires. Le Department of Defence américain et la NASA en furent les promoteurs.

Ce modèle standard a codifié et largement diffusé des règles et des outils de gestion de projet. Il a succédé à un état antérieur, plus artisanal, de la conduite de projet, où celle-ci était peu formalisée et fondée sur des savoir-faire implicites propres aux individus, aux entreprises et aux secteurs professionnels. Le modèle artisanal ou empirique correspond en grande partie à la tradition française et le développement récent des normes et de la certification en management de projet marque dans notre pays la recherche d'une reconnaissance sur les marchés internationaux en s'alignant sur le modèle standard.

Dans ce modèle classique, la performance visée par le projet s'exprime et se mesure selon les trois critères du « triangle vertueux » : qualité, coût, délai. Comme l'indique Christian Navarre[2], l'organisation du projet se fait selon un cycle composé d'une succession d'étapes :

— définition détaillée des objectifs du projet,

— décomposition progressive des objectifs en sous-projets, en lots de travaux et en tâches élémentaires : organigramme technique du projet (ou work breakdown structure),

---

1. In « Gestion de projet : ces polyvalents qui bousculent la hiérarchie », *Les Échos*, 8 mars 1994.
2. Christian NAVARRE, *Pilotage stratégique de la firme et gestion des projets : de Ford et Taylor à AGILE et I.M.S.*, in ECOSIP, sous la direction de Vincent GIARD et Christophe MIDLER, *Pilotage de projet et entreprises, diversités et convergences*, Economica, 1993.

- chaînage organisationnel des lots, c'est-à-dire affectation des tâches aux acteurs du projet et définition des relations qu'ils entretiennent : organigramme hiérarchique du projet (ou *organizational breakdown structure*),

- jalonnement du projet et fixation des dates et des événements-clés,

- estimation des délais et des coûts,

- établissement et optimisation du réseau des tâches avec un outil de planification comme le PERT (*Program Evaluation and Review Technique*) : la logique est essentiellement séquentielle, c'est-à-dire que les acteurs interviennent successivement, séparément, en effectuant une tâche à la fois.

Le planification du projet étant établie une fois pour toutes de façon très détaillée au début du projet et formalisée à travers un ensemble de règles, de procédures et de standards, le pilotage en cours de projet s'effectue par des systèmes de contrôle traditionnels, fondés sur la conformité aux normes : comptes rendus d'activité, rapports d'avancement, suivi des écarts entre le prévu et le réalisé.

Dans cette logique, le chef de projet est surtout un technicien, un gestionnaire et un administrateur du projet. Il se coordonne, à certains moments-clés du projet, avec les autres acteurs qui appartiennent à des structures internes ou externes à l'entreprise, c'est-à-dire à différents services ou à des entreprises extérieures. Ceux-ci interviennent dans le cadre de leurs missions spécifiques, mais seul le chef de projet a une vision globale de l'ensemble du projet.

Ce modèle de la gestion de projet, souvent qualifié de mécaniste ou de rationaliste, s'inscrit dans une logique taylorienne. Il est souvent véhiculé, dans différents pays, par des groupes d'ingénieurs et de gestionnaires traditionnels.

Aujourd'hui, il est largement remis en question par l'expérience de professionnels amenés par la concurrence à la mise en œuvre de nouvelles pratiques et par différentes recherches sur les facteurs de réussite des projets.

Les performances des méthodes classiques de gestion de projet ont été évaluées et sont apparues le plus souvent médiocres, avec de nombreux dépassements des coûts en particulier. Dans les années quatre-vingt, les japonais ont surpris par les résultats « ultra-performants » de certains projets, comme le développement de nouveaux produits, dans l'industrie automobile notamment. Ils concevaient un nouveau véhicule beaucoup plus rapidement que les Européens ou les Américains, et en utilisant beaucoup moins de ressources. Pour cela, ils s'appuyaient sur une approche différente de la conduite des projets. Dans certaines entreprises, l'innovation dans ce domaine est devenue une condition de survie.

Première remise en cause : la trilogie « qualité-coût-délai ». Non qu'elle ne soit plus nécessaire, mais elle n'est plus suffisante. On peut tout à fait atteindre les objectifs fixés dans ces trois domaines et rater quand même le projet : parce que le client est mécontent, parce que les relations au sein de l'équipe de projet ou entre l'équipe de projet et les spécialistes des métiers se sont gravement détériorées, parce que l'expérience acquise à l'occasion du projet n'aura pas été capitalisée et diffusée, etc. Les évaluations de projet mettent en évidence que les projets réussis ne sont pas seulement conformes aux spécifications en termes de qualité, de coût et de délai, mais qu'ils apportent un « plus », une valeur ajoutée reconnue aux principales parties prenantes du projet. Ces parties prenantes constituent une autre trilogie : le client, l'équipe de projet et le reste de l'entreprise (ou l'entreprise dans son ensemble).

Mais, suivant chaque cas, on pourra compléter ou détailler la liste des acteurs à prendre en considération : la notion de client peut s'appliquer à de multiples partenaires, on pourra se préoccuper des relations avec les fournisseurs, la collectivité, des institutions externes, etc. François Jolivet, de Spie-Batignolles, premier directeur général de TransManche Link, parle de l'« effet surgénérateur du projet » : un projet doit créer « plus de richesse » aux niveaux humain, financier et technique pour les différents acteurs, internes ou externes à l'entreprise[3].

L'approche classique est également remise en cause au niveau de l'organisation des projets. Des études portant sur l'analyse de plusieurs centaines de projets font apparaître l'importance des communications, de la souplesse des structures, de l'autonomie de décision des chefs de projets, et au contraire l'influence négative des techniques de gestion de projet qui tendent à rigidifier les comportements et le management[4]. Yves Dubreil, qui a été le chef du projet Twingo chez Renault, tire la conclusion des études de ce type réalisées dans le cadre du club de Montréal : « du côté des réussites, on parle d'animation des hommes, d'équipe ; du côté des échecs, on parle des outils, du PERT, etc. Le projet est vraiment un problème de management[5] ».

D'autres travaux d'évaluation ont révélé que la réussite d'un projet n'était pas liée à l'abondance des procédures détaillées, mais à l'auto-organisation du

---

3.   Jean-Marie HAZEBROUCQ, Olivier BADOT, *Le management de projet*, Presses Universitaires de France, 1996.

4.   Jean COUILLARD, Christian NAVARRE, *Quels sont les facteurs de succès des projets ? Faut-il plus d'organisation ? plus d'outils ? plus de communication ? plus de planification ?*, Gestion 2000, n° 2, 1993.

5.   Yves DUBREIL, in *Les Forums d'Iéna*, Conseil Économique et Social, Transformations du Travail, transformations de l'entreprise, 26 octobre 1995.

projet autour de « méta-règles ». Ces méta-règles, règles qui produisent des règles, « fonctionnent à la manière de la constitution d'un pays, qui encadre et génère potentiellement toutes les lois, tout en assurant leur cohérence »[6]. Elles doivent permettre à chaque structure de projet d'élaborer les règles adaptées dans une logique de décentralisation et de subsidiarité. Les méta-règles les plus couramment admises, dans le cadre des nouvelles pratiques d'organisation des projets, sont :

– l'autonomie de la direction de projet : le chef de projet, choisi par sa direction avec explicitation de ses pouvoirs, consacre tout son temps au projet, choisit son équipe et son organisation et définit ses relations avec les services de l'entreprise et les fournisseurs,

– le découpage dynamique du projet en modules ou unités opérationnelles pilotées par des équipes multi-fonctionnelles responsables et autonomes, dont l'organisation et les effectifs sont évolutifs,

– la mise à disposition du projet de ressources internes à l'entreprise, que ces ressources (hommes, matériels) soient placées sous la responsabilité du chef de projet ou régies par une relation client-fournisseur.

L'organisation traditionnellement séquentielle des activités a, elle, été remise en question par la diffusion des méthodes d'ingénierie simultanée ou « concourante », expliquant pour une part les performances exceptionnelles des Japonais en matière de développement de produits. Les activités ne sont plus désormais effectuées l'une après l'autre par des spécialistes isolés, mais le plus possible avec de larges recouvrements de phases, en parallèle, en coordination ou de façon intégrée, en impliquant les différents acteurs dans une participation à l'ensemble de la démarche de projet. À la métaphore de la course de relais succède celle de l'équipe de rugby, où la ligne d'avants progresse ensemble en échangeant le ballon[7].

Au total, les travaux des chercheurs, l'évaluation des projets déjà réalisée et l'expérience des professionnels convergent. L'enseignement est clair : dans la réussite des projets, les facteurs « hard » (la planification, les procédures, les outils) sont moins déterminants que les facteurs « soft » (la prise en compte du client et des acteurs, le management, la souplesse et les capacités d'adaptation)[8].

---

6. François JOLIVET, Christian NAVARRE, *Grands projets, auto-organisation, méta-règles : vers de nouvelles formes de management des grands projets*, Gestion 2000, n° 2, 1993.
7. Hirotaka TAKEUCHI, Ikujiro NONAKA, *The new product development game*, Harvard Business Review, janvier-février 1986.
8. Christophe MIDLER, *L'auto qui n'existait pas, management des projets et transformation de l'entreprise*, InterÉditions, 1993.

Les nouvelles pratiques de pilotage de projet s'inscrivent par conséquent dans une logique du « communiquer plus, planifier moins », c'est-à-dire :

- une planification minimale et globale au début du projet puis par vagues successives de précision croissante (focalisation progressive),

- un pilotage par l'aval en fonction de ce qui reste à faire et du client, plus que des écarts par rapport à ce qui était prévu,

- des réunions de suivi, des revues de projet régulières centrées sur la mise en commun des informations plus que sur le contrôle,

- une vie d'équipe intense : communication large et permanente sur le projet, priorité au concret et au contact, gestion des imprévus et du stress en temps réel, etc.

Dans ce contexte, le chef de projet n'est pas un simple administrateur jouant un rôle de coordination épisodique, mais le dirigeant d'une entreprise temporaire. Pour Christophe Midler, du Centre de Recherche en Gestion de l'École Polytechnique, qui a suivi le projet Twingo, « on reconnaît le véritable patron de projet au fait qu'il possède deux pouvoirs essentiels. Tout d'abord le pouvoir d'influencer sur les méthodes utilisées dans la gestion du projet (...). Ensuite le pouvoir d'agir directement sur les acteurs extérieurs à l'équipe projet : les gens des services métiers ou les fournisseurs »[9]. Il manage une équipe de projet dont le noyau dur est constitué de spécialistes de différentes fonctions entièrement disponibles pour le projet, le plus souvent rassemblés dans un même lieu pour faciliter la communication et développer une culture commune propre au projet.

Le tableau ci-après récapitule les principales caractéristiques du modèle standard et des nouvelles pratiques de conduite de projet. Nous analysons l'évolution en cours comme le passage d'une gestion de projet selon une approche technico-économique à un management de projet, voire par projet lorsqu'il devient un axe important du fonctionnement de l'entreprise, qui intègre la dimension sociale et organisationnelle par la prise en compte des acteurs liés au projet, dans et hors de l'entreprise.

Savoir manager un projet ou contribuer au déroulement d'un projet fait partie aujourd'hui des nouvelles compétences de plus en plus requises des managers. Non seulement dans le cadre des projets que l'entreprise met en œuvre, mais aussi dans le cadre des projets personnels qu'ils sont et seront de plus en plus amenés à développer : projets d'évolution professionnelle, de création d'activités, d'innovation sous différentes formes et dans différents domaines.

---

9. Christophe MIDLER, in « Chef de projet : l'industrie en redemande », *L'Usine Nouvelle*, 23 octobre 1995.

Les nouvelles pratiques de management de projet nous semblent dignes d'intérêt et de réflexion pour enrichir et conforter la compétence projet du manager. Compétence fondée pour une large part sur un travail avec les différents acteurs. Un rôle d'influence, selon Christophe Midler. Explorons ce rôle.

	Modèle standard de gestion de projet	**Nouvelles pratiques de management de projet**
Objectifs Critères de performance	• Spécifications en matière de : – qualité – coût – délais	• Satisfaction de toutes les parties prenantes, en particulier : – le client – l'équipe de projet – l'entreprise
Organisation du projet	• Définition détaillée des objectifs • Décomposition en tâches élémentaires • Assignation précise des responsabilités • Planification élaborée du réseau d'activités • Organisation séquentielle (course de relais)	• Auto-organisation de la structure-projet dans le cadre de méta-règles : – autonomie et responsabilité – découpage en modules flexibles – mise à disposition de ressources • Organisation simultanée et interactive (équipe de rugby)
Pilotage du projet	• Planification détaillée, au début du projet : règles, procédures, standards • Pilotage par l'amont : suivi des écarts prévu-réalisé, contrôle de conformité par rapport aux normes	• Planification tout au long du projet, par focalisation progressive, règles minimales • Pilotage par l'aval, en fonction de ce qui reste à faire
Chef de projet	• Technicien, gestionnaire, administrateur du projet • Se coordonne à certains moments avec les autres acteurs du projet	• Manager et patron d'une structure temporaire autonome • En contact permanent avec tous les acteurs du projet
Équipe de projet	• Participants affectés au projet tout en restant le plus souvent dépendants de leur structure d'origine • Chacun intervient dans le cadre de son domaine de spécialisation, sans vision d'ensemble du projet	• Équipe dédiée au projet, sortie des structures permanentes, entièrement disponible • Vie d'équipe intense, communications riches, participation en temps réel au déroulement du projet

Les deux approches de la conduite de projet :
de la gestion de projet au management de projet

DE L'ART DU PROJET
À L'ART DU RÉSEAU

Ce n'est pas la qualité technique intrinsèque d'un projet (produit, système, méthode) qui est le garant de sa réussite, mais bien plutôt la force du réseau qui le porte et le construit progressivement. Cette idée ressort des travaux du Centre de Sociologie de l'Innovation de l'École des Mines de Paris, animé par Michel Callon, ingénieur de formation, et Bruno Latour, philosophe et sociologue.

Bruno Latour a cherché à comprendre pourquoi Aramis, un métro automatique que l'on a failli construire au sud de Paris a été un échec[10]. Aramis (Agencement en Rames Automatisées de Modules Indépendants dans les Stations) a occupé, entre 1969 et 1987, des ingénieurs, des techniciens ou des responsables de Matra, de la RATP, d'Aéroports de Paris, du Ministère des Transports, de la Ville de Paris, ainsi que des hommes politiques. Il s'agissait d'une forme de transport en commun, qui devait désengorger le centre des grandes villes et améliorer la qualité et la rapidité des déplacements. Le projet a connu des hauts et des bas, paru plusieurs fois sur le point de réussir, failli être abandonné dans les années 70, donna lieu à l'inauguration d'une ligne expérimentale à Orly, puis fut arrêté lorsque la RATP et Matra estimèrent qu'il était au point mais que la demande solvable n'était pas au rendez-vous.

Qui a tué Aramis ? Pourquoi est-il mort ? Pour son étude *post-mortem* demandée par les commanditaires du projet, Bruno Latour a rencontré les protagonistes, et s'est plongé dans le dossier.

Sa conclusion : le projet fut insuffisamment porté, soutenu. À la différence du VAL, projet concurrent, qui réussit à Lille parce que ses promoteurs (techniciens, hommes politiques, hommes d'entreprise) s'enflammèrent pour lui. Les promoteurs d'Aramis, eux, ont pensé que la supériorité technique du produit ferait qu'il s'imposerait de lui-même. Ils ont séparé le technique et le social, ils ont cru en l'autonomie des techniques, alors qu'un projet techniquement parfait peut ne jamais devenir réel s'il n'intéresse pas suffisamment d'acteurs. S'inscrivant dans la logique paradoxale du malade mort guéri, le dernier chapitre de l'enquête de Bruno Latour, s'intitule : « Aramis est au point, mais au point mort ».

Un autre exemple analysé par Callon et Latour[11] permet de comprendre comment peut s'organiser un réseau de coopération permettant de faire

10. Bruno LATOUR, *Aramis ou l'amour des techniques*, Éditions La Découverte, 1992.
11. Michel CALLON, John LAW, *La protohistoire d'un laboratoire*, in Michel Callon, La science et ses réseaux, genèse et circulation des faits scientifiques, Éditions la Découverte, 1988.

aboutir un projet. Il s'agit de l'alliance qui s'est opérée, dans les années 70 entre pouvoirs publics, chercheurs et marins-pêcheurs pour s'opposer à la disparition, qui semblait inéluctable, de la coquille Saint-Jacques dans la baie de Saint-Brieuc. L'animal avait déjà disparu de la baie de Saint-Malo. Les pouvoirs publics locaux souhaitaient faire quelque chose pour préserver cette activité économique locale, mais ne savaient pas quoi. Les marins-pêcheurs, voulaient maintenir leur façon d'exercer leur métier et étaient opposés à toute réglementation ou à tout contingentement de leur activité. Les chercheurs appartenant à un laboratoire public de Brest, le CNEXO, connaissaient, quant à eux, peu de choses sur les conditions de vie et de reproduction de l'animal.

Réunis à l'occasion d'un colloque, ces différents types d'acteurs s'accordèrent pour rechercher ensemble quels moyens mettre en œuvre pour observer le processus de reproduction de la coquille. Ils conçurent un laboratoire *in situ* dans la baie et les pêcheurs participèrent aux observations. Les informations obtenues furent diffusées à travers des documents, des rencontres régulières eurent lieu entre chercheurs impliqués du CNEXO, représentants des pêcheurs et des institutions locales. Les relations furent parfois difficiles, en particulier lorsque les chercheurs, doutant des informations transmises par les pêcheurs les firent observer par hélicoptère, provoquant la destruction du laboratoire par des marins s'estimant soudain trahis et manipulés. Les virus pouvant décimer les coquilles, ou les exportations irlandaises de coquillages, pouvant les concurrencer, furent à certains moments des menaces inquiétantes. Mais malgré tout, le réseau de coopération tint bon, se consolida même en impliquant les pouvoirs publics régionaux, le ministère de la Recherche et celui du Commerce Extérieur, d'autres instituts de recherche, etc. Dix ans après, la coquille Saint Jacques était réapparue massivement dans la baie de Saint-Brieuc.

Ce cas, ici rapidement résumé, illustre les mécanismes de création et de mise en œuvre d'un réseau, c'est-à-dire d'un système de coopération permettant un changement à partir de la mise en convergence des intérêts des différents acteurs d'une situation. Ces principaux mécanismes sont explicités dans le document méthodologique ci-après, qui peut servir à analyser, à concevoir ou à modifier un réseau. Ce document s'appuie sur les travaux de Michel Callon et Bruno Latour et sur la formalisation opératoire qu'en fait Philippe Bernoux[12] dans une logique de management de projet.

---

12. Philippe BERNOUX, *La sociologie des entreprises*, Éditions du Seuil, 1995 ; Henri AMBLARD, Philippe BÉRNOUX, Gilles HERRÉROS, Yves-Frédéric LIVIAN, *Les nouvelles approches sociologiques des organisations*, Éditions du Seuil, 1996.

Éléments de méthodologie pour l'analyse et la mise en place d'un réseau

1. ANALYSE DU CONTEXTE
   - identification des acteurs, de leurs enjeux et de leur degré de convergence
   - identification des objets (produits, matériels, systèmes, techniques, etc.) qui relient les acteurs entre eux

2. TRADUCTION ET MISE EN CONVERGENCE AUTOUR D'UN ENJEU COMMUN
   - recherche des traductions possibles, c'est-à-dire des moyens de relier entre eux les enjeux dissemblables des acteurs : comment permettre à chacun de poursuivre ses intérêts tout en prenant en compte les intérêts des autres
   - définition par un acteur-traducteur reconnu par les autres comme légitime d'un enjeu commun autour duquel tout le monde se retrouve : objectif à atteindre ou problème à résoudre susceptible de mobiliser dans l'action autour d'une cause commune
   - matérialisation de l'enjeu collectif sous la forme d'un bien commun, lieu, objet, système ou principe qui constitue un point de passage obligatoire provoquant une première coopération entre acteurs et donc un démarrage du réseau

3. DÉVELOPPEMENT ET CONSOLIDATION DU RÉSEAU
   - implication des principaux acteurs par enrôlement, c'est-à-dire en leur donnant un rôle dans l'action et non en cherchant seulement à les motiver ou à obtenir leur adhésion
   - travail et négociation avec des porte-parole qui représentent au cœur du réseau l'ensemble des parties prenantes ou des populations concernées
   - investissements de forme, c'est-à-dire mise en œuvre de dispositifs pour la coordination avec les porte-parole et le pilotage du réseau : réunions, groupes de travail, systèmes d'informations, etc.
   - production et diffusion d'intermédiaires, c'est-à-dire d'éléments divers (informations, objets, argent, hommes, compétences...) échangés au sein du réseau et le cimentant en développant la coopération, l'expérience commune et la connaissance partagée
   - rallongement et consolidation du réseau par implication de nouveaux acteurs, extension des alliances et des soutiens
   - transparence interne sur les résultats et le fonctionnement du réseau
   - vigilance (système de veille permanente) par rapport à tout ce qui peut constituer un risque ou une menace pour le réseau.

À partir de leurs observations des processus d'innovation dans les domaines scientifique et technique, Callon et Latour ont dégagé deux modèles. Au double sens du terme : outil de compréhension de la réalité et schéma d'organisation de l'action.

Le modèle le plus habituel, le plus répandu est le modèle linéaire, ou modèle de la diffusion. L'innovation suit un processus séquentiel où chaque étape est indépendante des précédentes : la recherche, puis le développement, l'industrialisation, et enfin la commercialisation. Ce qui compte, c'est l'idée de départ. Ensuite, il fait la faire passer, et pour cela vaincre toutes les résistances qu'elle peut susciter.

L'autre modèle est le modèle du réseau ou modèle de la traduction. L'innovation résulte d'alliances, de coopérations, d'apprentissages, de compromis, de négociations entre divers groupes professionnels et sociaux dont elle traduit les intérêts et les logiques d'action. L'idée de départ compte moins que le processus, et le réseau, qui va permettre de l'enrichir et de la transformer en projet réel et viable.

Des enquêtes sur la recherche industrielle et l'innovation dans les groupes français ont mis en évidence la pratique de ces deux modèles. Certaines entreprises, comme Aérospatiale, Roussel-Uclaf, Pierre Fabre, etc., organisent plutôt le travail de recherche et développement en leur sein ou avec des partenaires externes sous forme de prises en charge successives (modèle linéaire). D'autres s'appuient surtout sur les coopérations et les allers-retours du dossier entre les différents acteurs, internes ou externes, de l'innovation (modèle en réseau) : SGS-Thomson, Air Liquide, Elf-Aquitaine, Hutchinson, Usinor, etc.[13].

De nombreuses approches systémiques de l'entreprise insistent par ailleurs sur l'importance des réseaux dans les différentes dimensions de la performance socio-économique. La qualité totale met l'accent sur l'ensemble de la chaîne des relations clients-fournisseurs. La productivité est de moins en moins la seule productivité des ressources et de plus en plus une productivité par l'organisation reposant sur la gestion des flux d'événements et la coordination par la communication[14]. La sécurité, la sûreté, les disciplines du management des risques et du danger associent les accidents, les catastrophes industrielles ou les crises à des défaillances de réseaux organisationnels. C'est ainsi que Georges-Yves Kervern et Patrick Rubise affirment, parmi diverses lois du danger :

---

13. Enquête La Tribune-La Recherche-Centre de Sociologie de l'Innovation de l'École des Mines de Paris, *La Tribune Desfossés*, 28 novembre 1995.

14. Philippe ZARIFIAN, *La nouvelle productivité*, Éditions l'Harmattan, 1990 ; ID., *Travail et communication*, Presses Universitaires de France, 1996.

- « le danger qui menace un individu est une fonction définie sur l'ensemble du réseau qui l'entoure »,

- « la qualité des relations dans un réseau est un facteur de réduction du danger », car elle améliore la perception du danger, la prévention, la protection et la gestion de la crise[15].

L'économie des services insiste sur la spécificité, pour un service, d'être coproduit par l'utilisateur en même temps que consommé par lui. D'où l'importance, là encore, des chaînes ou des réseaux de coopération entre offre et demande, fournisseur et client.

L'approche de Callon et Latour s'inscrit donc dans une prise de conscience aujourd'hui croissante du rôle des réseaux dans le management. Leur apport nous semble particulièrement original et utile pour deux raisons.

Tout d'abord, avec le concept de traduction, ils mettent l'accent sur la pluralité des intérêts des acteurs et sur la nécessité d'un travail d'écoute, d'identification des logiques d'action, de recherche de mise en cohérence des enjeux et d'entretien permanent des chaînes de coopération, qui suppose un réel investissement, en temps, en énergie, en méthodes, dont le résultat n'est jamais garanti.

Ensuite, le modèle de l'innovation à travers les réseaux, modèle qu'ils qualifient de « tourbillonnaire », intègre l'instabilité et l'incertitude au cœur de tout projet, considéré comme un processus complexe de changement. En cela, il contribue à la compréhension de la dimension de précarité qui se manifeste dans le management de projet et plus largement dans la fonction de manager aujourd'hui.

LE MANAGER DE PROJET, MANAGER PRÉCAIRE

Le manager de projet peut être amené à faire l'expérience de multiples formes de précarité.

Précarité de sa fonction et de son statut. « Il ne faut jamais perdre de vue que le chef de projet n'existe que par la mission qui lui est confiée. Avec un début et une fin parfaitement repérés » rappelle Jean-Louis Müller[16], consultant à la

---

15. Georges-Yves KERVERN, Patrick RUBISE, *L'archipel du danger, introduction aux cyndyniques*, Economica, 1991.

16. Jean-Louis MULLER, in Chef de projet : l'industrie en redemande, *L'Usine Nouvelle*, 23 octobre 1995.

Cegos, président de l'AFITEP (ex Association Française des Ingénieurs Techniciens d'Estimation de Planification et de Projets, devenue Association Française du Management de Projet). En disant cela, il mentionne deux caractéristiques de la précarité, évoquées dans les définitions des dictionnaires :

— le fait d'être éphémère, provisoire,

— le fait d'exister par autorisation révocable.

Pendant le temps du projet, le manager de projet a souvent des responsabilités importantes. Il est alors le patron d'une équipe avec laquelle il vit une aventure, qui peut être très impliquante et aussi parfois éprouvante. Pour Yves Dubreil[17], les deux outils fondamentaux du projet sont la communication et... le stress ! Pour lui il s'agit d'un « stress positivant », du « bon stress qui peut se dissoudre dans l'action », d'un « stress près de soi, que l'on se donne » parce qu'on a choisi un « défi partagé », par ailleurs source de motivation. Mais le stress est aussi, dans beaucoup de cas, destructeur, au point que certains ouvrages sur le management de l'innovation attirent l'attention sur la nécessité d'éviter l'épuisement professionnel (burn out) dans le cadre de la mise en œuvre des projets[18].

Stress, passage à vide, transition difficile peuvent se produire également après un projet, lorsque la reconversion du manager de projet n'est pas évidente. Y a-t-il une vie après le projet ? s'interroge l'Usine Nouvelle, à l'occasion d'une enquête sur les chefs de projet, constatant la fréquence d'une « dépression post-partum » évoquée par différents chefs de projet : « quand tout s'est bien passé, on n'a pas naturellement envie d'un second challenge », « difficile de revenir à quelque chose de plus classique lorsqu'on a maîtrisé un sujet dans son ensemble », « je n'imagine pas d'enchaîner deux grands projets, c'est trop dur, à la fois physiquement et intellectuellement », etc.[19].

Le manager de projet, plus qu'un autre, est susceptible de vivre, en accéléré, une multiplicité de rôles, non seulement en passant du projet à l'après-projet, mais dans le projet lui-même où on lui demande d'être successivement ou à la fois un entrepreneur créatif, un manager proche des réalités de terrain, un gestionnaire des situations de crise, un ambassadeur du projet plein de diplomatie...

Dans le cadre du réseau ECOSIP, qui regroupe des chercheurs en économie et en gestion et des entreprises intéressés par le management de projet, Pierre

---

17. Yves DUBREIL, in *Les Forum d'Iéna*, Conseil Économique et Social, Transformations du travail, transformations de l'entreprise, 26 octobre 1995.
18. Dorothy LEONARD-BARTON, *Wellsprings of knowledge, building and sustaining the sources of innovation*, Harvard Business School Press, 1995.
19. « Chef de projet : l'industrie en redemande », *L'Usine Nouvelle*, 23 octobre 1995.

Leclair, directeur d'études à l'institut Entreprises et Personnel, a analysé les témoignages de cadres impliqués dans des projets dans une dizaine d'entreprises. Pour lui, le fonctionnement par projets bouscule les schémas d'organisation et les identités professionnelles traditionnels, parce qu'il amène à coopérer sur des bases transitoires et éphémères des acteurs auparavant chargés de domaines séparés. Il évoque à ce propos la notion de précarité : « le double mouvement d'atténuation et de « précarisation » de la division du travail vide de sens la notion de poste (...). Le salarié inscrit dans une structure par projets se voit confier des activités précaires, peu individualisables, dont le fédérateur est l'objet en projet[20]. » Il constate que les compétences requises pour être un bon chef de projet, « gérer la déstabilisation dans l'éphémère », s'opposent à celles du bon hiérarchique, « savoir rassurer dans la durée », et s'interroge : « comment gérer sans repères et sans modèle ? ».

L'univers d'un projet est un univers fluctuant et instable. Sauf pour les projets simples et essentiellement techniques. Mais ce type de projet existe-t-il encore, s'il a jamais existé ? Quels que soient son domaine et sa taille, tout projet a une dimension humaine et sociale, et comporte, ou est susceptible de comporter, une part de complexité à prendre en compte. La plupart des projets correspondent à des problèmes mal structurés ou s'inscrivent dans des situations relativement floues : on ne dispose pas d'une information complète ou d'une vision claire, assurée et opératoire sur la situation existante, le but à atteindre, la méthode et les techniques à utiliser. Les facteurs d'incertitude et d'instabilité peuvent être nombreux et divers.

Beaucoup concernent les acteurs. Leur nombre et leur identité peuvent évoluer. Qui est acteur et qui ne l'est pas ? Comment découper, segmenter les personnes ou les populations concernées en catégories homogènes en termes de logiques d'action et d'enjeux ? Souvent les acteurs déterminants pour la réussite d'un projet ne sont pas ceux que l'on prévoyait et des invités inattendus apparaissent dans le champ du projet. Les intérêts et les comportements des acteurs peuvent aussi se modifier pendant le cours du projet ainsi que les relations entre acteurs, avec des conséquences d'autant plus importantes que pour une large part les acteurs d'un même système ou d'un même réseau se définissent non dans l'absolu mais les uns par rapport aux autres.

D'autres facteurs d'incertitude et d'instabilité peuvent également provenir de l'environnement, du contexte. Certains, quelle que soit leur provenance, ne

---

20. Pierre LECLAIR, *Projets et personnel*, in ECOSIP, sous la direction de Vincent GIARD et Christophe MIDLER, *Pilotage de projet et entreprises, diversités et convergences*, Economica, 1993.

seront même pas repérés. Ils constituent à proprement parler la part d'inconnu, l'« insu ».

Le terme de complexité, comme le rappelle Edgar Morin, vient du latin *complectere* (« entrelacer, tisser ensemble »), et désigne un tissu d'éléments hétérogènes, voire antagonistes, étroitement unis par des fils extrêmement divers[21]. Dans un système complexe les éléments sont variés, mais surtout leurs relations ne sont pas simples, identiques et linéaires (telle cause donne tel effet). Au contraire, compte tenu du contexte :

– de mêmes causes peuvent conduire à des effets différents,

– des causes différentes peuvent produire de mêmes effets,

– de petites causes peuvent entraîner de très grands effets,

– de grandes causes peuvent entraîner de tout petits effets,

– des causes peuvent entraîner des effets qui leur sont contraires.

Par conséquent le propre d'un système complexe est de produire des effets non prévus, non voulus, inattendus. Il est, au moins pour une part, non prévisible, non programmable, non maîtrisable *a priori*.

Face à la complexité, les logiques et les méthodes classiques d'organisation, de gestion et de management se révèlent souvent simplistes et ne suffisent plus. Confronté à l'incertitude, à l'instabilité, à l'éphémère, c'est-à-dire à un univers de précarité, le manager de projet est amené à expérimenter des pratiques différentes qui renouvellent le management. Selon la loi de la variété requise d'Ashby, entre un système et son environnement, c'est le plus flexible qui contrôle l'autre. Confronté à la précarité de son environnement, le manager est condamné à la subir ou à la gérer. Ne pouvant l'éliminer, il doit composer avec elle, et même la penser, l'anticiper, l'intégrer dans son action.

Ainsi, dans les logiques des nouvelles pratiques de management de projets et de développement de réseaux que nous avons décrites, le projet n'est pas un donné déjà là au départ sous une forme bien précise (produit, système, idée) qu'il s'agirait de faire accepter aux différents acteurs. C'est au contraire une intention qui ne deviendra réalité qu'à la suite d'un processus de travail, de coordination et d'ajustement avec eux. Processus incertain, difficile, fragile : en un mot précaire. Processus de traduction et de mise en convergence des différents enjeux et des différentes logiques, de négociation, de gestion des antagonismes et des contradictions, de création progressive d'une réalité nouvelle dont les caractéristiques et les contours ne peuvent être décrits *a priori*, au début de l'action.

---

21. Edgar MORIN, *La complexité humaine*, Flammarion, 1994.

Le groupe Térence, qui regroupe au sein de l'ANDCP (Association Nationale des Directeurs et Cadres de la Fonction Personnel) des spécialistes de la gestion des ressources humaines, estime que pour le management des projets complexes, des démarches constructivistes doivent remplacer les méthodes positivistes habituelles, ou au moins se combiner avec elles[22]. Selon les méthodes positivistes, fondées sur un raisonnement logique classique, on part des buts à atteindre, définis sous forme d'objectifs précis, puis on définit le chemin à parcourir à partir de la situation existante. Dans les démarches constructivistes, on définit une intention globale, une idée de projet, et on s'intéresse en priorité à la conduite de l'action, au processus qui va permettre de faire émerger progressivement un objet nouveau construit en liaison étroite avec les acteurs. Dans une telle dynamique de projet, « le but est dans le chemin » et « le chemin se construit en marchant ».

Tous les projets ne comportent pas la même dose d'incertitude, d'inconnu, de précarité. Il reste encore des îlots de stabilité et de simplicité dans un univers socio-économique souvent chaotique et peu compréhensible. C'est pour cela que les méthodes classiques restent utiles à connaître et à utiliser à bon escient, en sachant les doser et les adapter à l'occasion. Mais les nouvelles approches (post-cartésiennes, post-tayloriennes, non mécanistes, non rationalistes, etc.) sont utiles dès lors que la logique des mécanismes et des automatismes ne fonctionne plus. Dans le double sens où d'une part l'entreprise, ou plus largement tout système organisé, ne peut plus être analysé et compris comme une simple machine, et où d'autre part son pilotage peut de moins en moins être automatique, réduit à des procédures ou à des pratiques formelles, répétitives, programmables.

Plutôt que de rechercher la meilleure solution, qui n'existe pas ou qui est irréalisable, plutôt que d'appliquer des formules toutes faites ou de courir après la méthode idéale ou des techniques magiques, qui se révéleront illusoires, le manager de projet, dans un environnement complexe donc précaire, doit cultiver l'intelligence des situations, c'est-à-dire la capacité à inventer et à mettre en œuvre, avec d'autres, des réponses adaptées à des problèmes encore jamais résolus, parce que se posant à chaque fois dans un contexte unique donc nouveau.

---

22. Groupe TERENCE, *Encyclopédie des ressources humaines*, tome 4, Projets individuels et collectifs, construction et régulation, Les Éditions d'Organisation, 1994.

Chapitre 6

DÉVELOPPER
LES COMPÉTENCES

LES BONNES FORMATIONS
INUTILES

Dans un monde complexe et en évolution rapide, la compétence individuelle et collective est, pour les managers et les organisations, une condition de survie. Savoir, savoir-faire, savoir s'adapter sont des nécessités stratégiques, dont les composantes évoluent en permanence, compte tenu de l'instabilité des situations.

Le manager est amené à développer, à maintenir, à faire évoluer ses propres compétences ainsi que celles des personnes ou des équipes avec lesquelles il travaille. Pour cela il doit de plus en plus concevoir, mettre en place et gérer des systèmes ou des dispositifs d'apprentissage, qui peuvent prendre des formes diverses. Nous examinerons ces différentes modalités du management des compétences, en commençant par la plus classique, qui est la formation.

La formation est un sujet qui laisse souvent les managers perplexes. Comment être efficace dans ce domaine ? Un pilotage fin est-il possible ou doit-on se borner à faire le même type de constat que ce manager américain à propos de la publicité, cet autre investissement immatériel : « Je sais que 50 % de mon budget ne sert à rien, mais je ne sais pas lesquels ! ».

Il est vrai que la formation constitue un « objet managérial encore mal identifié »[1]. Mais les progrès dans ce domaine se font par la mise en œuvre des logiques de processus, de réseaux et de projets.

L'approche par les processus permet de comprendre et d'analyser la principale cause de gaspillage dans les budgets formation, que révèlent les audits[2]. Il ne s'agit pas de formations de mauvaise qualité intrinsèque, mais... de bonnes formations inutiles, c'est-à-dire d'actions de formation qui n'ont en réalité que peu d'effets sur les pratiques professionnelles.

Les causes de cet état de fait peuvent être diverses. L'insuffisance d'analyse des besoins et la prédominance d'une logique de consommation de l'offre de formation (logique du catalogue). La croyance selon laquelle la formation peut seule améliorer la performance, alors qu'elle n'est souvent efficace qu'intégrée à des actions ou projets plus vastes en matière d'organisation, d'investissements ou de gestion des ressources humaines. L'absence de spécification du besoin de formation, de formulation des résultats attendus au niveau pédagogique et au niveau professionnel, ou de liaison de la formation avec les objectifs prioritaires de l'entreprise ou des salariés. Le manque de rigueur ou de professionnalisme dans l'achat de la formation (cahier des charges, négociation avec le prestataire) ou dans la conception de la formation (ingénierie de la formation), qui fait que la formation, si bonne soit-elle, est plus ou moins déconnectée des réalités de l'entreprise. Les insuffisances d'anticipation et d'évaluation des conditions de transfert des acquis dans les pratiques et les situations de travail : à la fin de la formation, les personnes auront acquis des capacités, mais n'ayant pas l'occasion de les mettre en pratique, elles ne les transformeront pas en compétences sur le terrain, et peu à peu les perdront.

Analyser et manager la formation comme un processus permet d'identifier et de traiter ces différents dysfonctionnements. On constate alors que l'efficacité et la qualité d'une action de formation ne dépend pas seulement de ce qui se passe au moment de sa mise en œuvre, mais aussi et surtout de ce qui se passe en amont et en aval.

---

1. Jean SIMONET, « Un objet managérial à identifier », in Formation : la fin d'un mythe ?, *Panoramiques*, n° 19, 1995.
2. Voir les travaux d'audit, de diagnostic et d'évaluation réalisés dans le domaine de la formation, de la gestion des ressources humaines, de l'emploi et des compétences, de l'organisation et du management au sein du groupe Bernard Brunhes.

Le nombre et le contenu des phases d'un processus de formation est spécifique à chaque contexte particulier. Un découpage global assez général peut se faire à partir de l'identification des quatre phases suivantes :

- l'analyse des besoins, qui permet de spécifier la demande de formation, les compétences qu'elle contribuera à développer et son rôle dans l'atteinte des résultats visés,

- la conception et la préparation de la formation, où sont définies et organisées à l'avance les modalités de la formation envisagée,

- la réalisation de la formation, où celle-ci est mise en œuvre,

- le transfert des acquis et l'intégration des résultats de la formation, où se manifestent les différents effets de la formation, sur le terrain, en situation professionnelle.

La prise en compte de l'ensemble du processus, et pas seulement de la phase de réalisation-mise en œuvre, permet de mieux intégrer la formation dans des logiques de management qui se préoccupent qu'elle apporte une réelle valeur ajoutée en termes de développement des compétences.

L'approche par les processus est enrichie et confortée par une approche en terme de réseau d'acteurs. Les situations de formation sont très diverses, mais d'une façon générale ce sont des systèmes de relations complexes entre acteurs multiples.

Les plus immédiats sont le formateur (fournisseur de la prestation) et le formé, ou apprenant (bénéficiaire de la prestation). Mais il existe aussi bien d'autres acteurs en coulisses : la direction de l'entreprise, le responsable de formation, la direction des ressources humaines, la hiérarchie directe, les collègues, l'organisme dont dépend le formateur, etc.

De façon spécifique dans chaque cas, les divers acteurs de la formation se répartissent ou cumulent différents rôles et différentes implications par rapport à la formation : demandeur, prescripteur, décideur, payeur, acheteur, fournisseur, bénéficiaire, utilisateur... On notera en particulier qu'il n'y a pas un seul client de la formation, mais plusieurs clients ou un « système client » : l'apprenant, la hiérarchie de proximité, la direction de l'entreprise, le service acheteur de la prestation...

Dans cet ensemble, les acteurs stratégiques sont ceux qui peuvent bloquer ou au contraire dynamiser le système. Les observations de terrain, les audits ou les diagnostics en organisation et gestion des ressources humaines révèlent qu'en général les managers, du haut en bas de la structure, sont, plus que les formateurs ou les responsables de formation, les acteurs-clés qui influencent le fonctionnement d'un système de formation.

Deux questions-tests permettent d'évaluer le degré d'implication des managers :

— les plans de formation sont-ils examinés et travaillés en comité de direction au même titre que les autres programmes d'investissements, ou seulement en comité d'entreprise, dans le cadre des obligations sociales ?

— chaque salarié peut-il échanger avec son responsable direct sur la formation et sur ses compétences, de manière approfondie, au moins une fois par an ?

L'approche de la formation en terme de réseau d'acteurs permet de comprendre en quoi la qualité d'une formation ne saurait se limiter à la qualité de la relation entre le formateur et les formés, mais suppose le bon fonctionnement de tout un ensemble de relations entre de nombreux acteurs (hiérarchie de proximité, direction de l'entreprise, service formation...). La performance globale d'un système de formation, l'utilité d'une formation, sont fonction de la qualité des interfaces, des coopérations, des partenariats au sein de ce réseau. C'est beaucoup plus qu'une affaire de pédagogie.

Le management de ce réseau peut s'envisager, dans une optique de management de la qualité, comme celui d'une chaîne de relations client-fournisseur.

Un tel travail de formalisation du réseau et d'identification des relations client-fournisseur permet de clarifier les rôles et les responsabilités de chaque acteur, de dégager une vision globale de l'ensemble du système et de repérer les zones de vulnérabilité, les maillons faibles qui peuvent mettre en péril la performance globale et sont par là stratégiques. Il permet aussi de comprendre en quoi ces maillons stratégiques ne se situent pas le plus souvent au cœur du dispositif de formation, où les relations entre formateur, apprenants et service de formation sont bien suivies et coordonnées, mais à sa périphérie, en situation professionnelle, où les relations n'ont pas comme objet premier le développement des compétences.

Les méthodes du management de la qualité peuvent favoriser une amélioration du fonctionnement de la formation en contractualisant les engagements des différents acteurs, sous forme d'objectifs contributifs à la qualité de l'ensemble du processus, à travers ses différentes phases.

Par ailleurs, le management de la formation gagne à utiliser les savoir-faire en matière de construction de réseaux (traduction et mise en convergence des enjeux) et de management de projet. Dans de nombreuses entreprises, les pratiques évoluent dans ce sens mais d'une façon générale beaucoup de chemin reste à faire pour que la formation puisse être considérée comme un domaine intégré de façon opératoire à l'ensemble des pratiques de management.

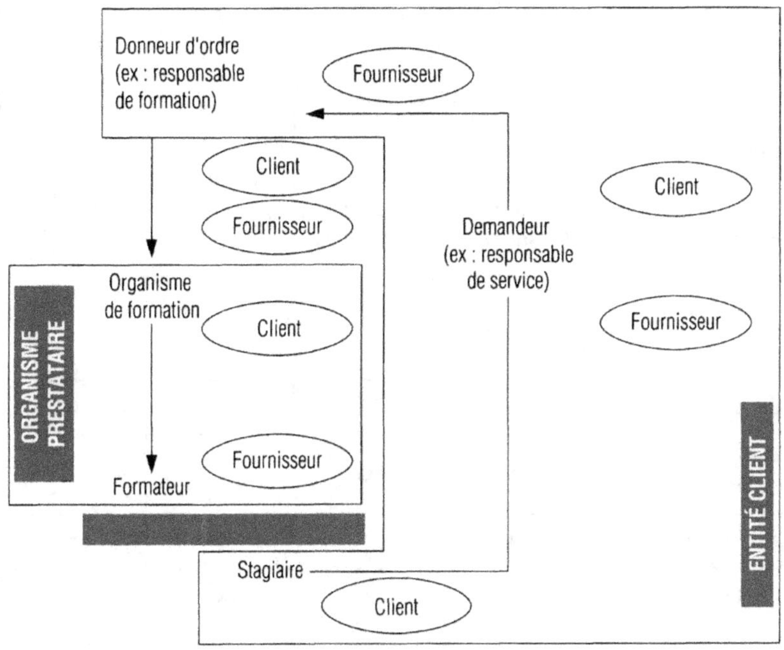

Exemple d'analyse du réseau des acteurs de la formation selon une logique client-fournisseur (source AFNOR)

MANAGER LA FORMATION

Un tableau phases/acteurs permet de visualiser l'état du management de la formation dans un contexte donné, d'une entreprise ou d'un service. Lorsque la formation est faiblement managée et peu intégrée au management global de l'organisation, les phases du processus autres que la réalisation de la formation (l'analyse des besoins, la conception, le transfert des acquis et l'intégration des effets) sont peu développées, et la formation n'implique pas concrètement les managers (direction ou managers de proximité).

	Analyse des besoins	Conception-préparation	Réalisation	Transfert-intégration des effets
Direction				
Managers de proximité				
Apprenants	•		•	•
Service formation	•	•		
Prestataire de formation			•	

La formation sous-managée

	Analyse des besoins	Conception-préparation	Réalisation	Transfert-intégration des effets
Direction	•			•
Managers de proximité	•	•		•
Apprenants	•		•	•
Service formation	•	•	•	•
Prestataire de formation		•	•	•

La formation managée

Lorsque la formation est véritablement managée :

— la phase de réalisation de la formation résulte du travail effectué au cours des phases antérieures d'analyse des besoins et de conception, et débouche sur une phase de transfert des acquis et d'intégration des effets : la logique des processus se traduit par la pratique d'une fonction d'ingénierie de la formation,

— les acteurs sont amenés à s'impliquer et à coopérer, en particulier les dirigeants et les managers de proximité pour la définition des besoins et des objectifs, ainsi que la traduction des acquis de la formation dans les pratiques professionnelles, mais également les prestataires de formation avec les managers pour la préparation et le suivi de dispositifs de formation adaptés aux spécificités de chaque contexte : l'ingénierie de la formation est moins séquentielle que simultanée ou concourante (conduite de projets en partenariat).

Les tableaux phases/acteurs présentés ici correspondent à des types de situations courantes. Dans la pratique chaque manager aura intérêt à identifier la configuration particulière de la situation dans laquelle il se trouve et à définir, avec ses principaux partenaires (les autres acteurs) les améliorations possibles et souhaitables à court et moyen terme.

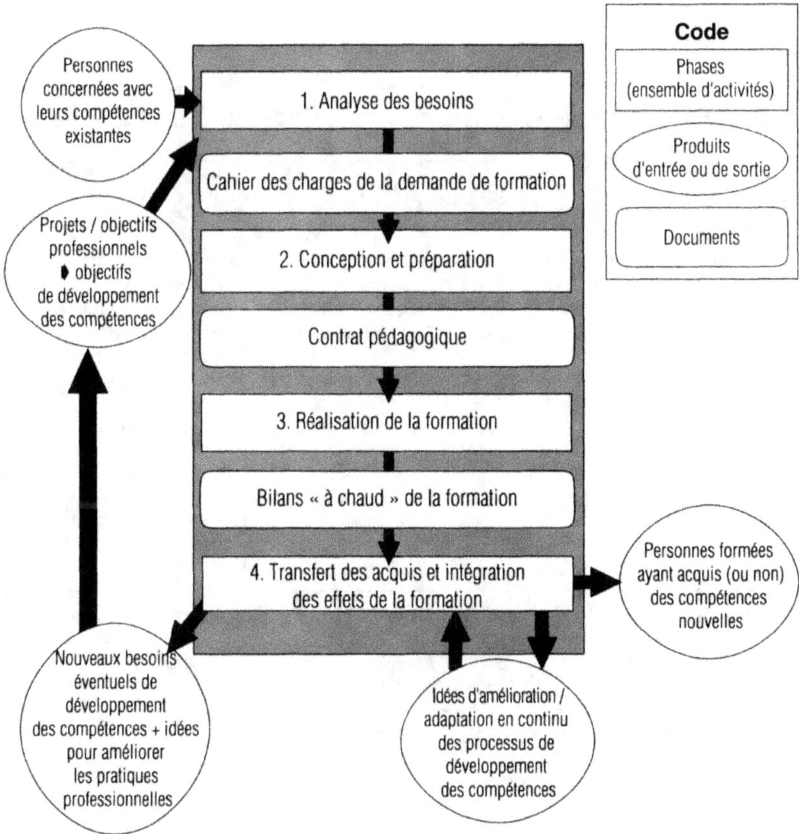

Le processus de formation (exemple de schéma de représentation)

Pour cela, il pourra chercher à représenter le schéma global du processus existant et du processus-cible en terme de produits (entrées / sorties) et de phases. Le schéma de la page précédente est un exemple parmi bien d'autres possibles, d'une telle représentation.

La démarche d'analyse et d'amélioration des pratiques de management de la formation pourra se poursuivre en détaillant les activités de chaque phase et les modes d'implication des différentes catégories d'acteurs concernés. Le guide ci-après a pour objectif d'être un appui pour ce type de démarche.

Guide de pilotage d'un projet ou d'un processus de formation (exemple)

1. ANALYSE DES BESOINS

Objectif : Spécifier ce qui est attendu de la formation en matière de développement des compétences

Acteurs					Activités	Outils
D	MP	A	SF	PF		
●	●	●	●		■ Identification des besoins en compétences • recueil des attentes, demandes ou projets de développement des compétences exprimés par différents acteurs (clients, personnel, managers, etc.) • identification des compétences requises pour atteindre les objectifs de l'entreprise : analyses globales (macro) et locales (micro), au niveau des compétences individuelles et collectives • évaluation des compétences existantes et détection des écarts de compétences à combler et des compétences à maintenir, renforcer ou créer en priorité	• Remarques, critiques, suggestions en provenance des clients, du personnel, des managers, etc. • Audits et diagnostics divers • Toutes informations sur la stratégie d'entreprise • Gestion prospective ou anticipatrice des emplois et des compétences • Bilans de compétences • Entretiens d'évaluation ou entretiens sur la formation
●	●	●	●		■ Identification des contributions de la formation au développement des compétences • analyse des différentes modalités de développement des compétences : par la pratique dans le cadre des fonctions exercées, par mobilité interne, par échanges d'expériences, etc. • examen de ce qui peut être attendu de la formation et d'autres modalités éventuelles de développement des compétences	• Entretiens ou réunions au sein de l'entreprise ou des unités de travail
●	●		●		■ Spécification du besoin de formation • explicitation des résultats visés en termes d'objectifs professionnels (développement de compétences en situation de travail)	

Acteurs					Activités	Outils
D	MP	A	SF	PF		
					et d'objectifs pédagogiques (acquisition de capacités en situation de formation) • détermination des conditions de transfert des acquis en situation professionnelle et du système d'évaluation de la formation • rédaction éventuelle d'un cahier des charges de la demande comprenant, outre les points précédents, des informations sur le contexte de l'entreprise, la population concernée, des éléments complémentaires de cadrage de la formation, etc.	• Cahier des charges de la demande de formation

Légendes : D : Direction SF : Service Formation
MP : Managers de proximité PF : Prestataire de formation
A : Apprenants

2. CONCEPTION ET PRÉPARATION

Objectif : Définir et organiser la formation envisagée

Acteurs					Activités	Outils
D	MP	A	SF	PF		
	●		●		■ Recherche et sélection d'un prestataire, ou fournisseur de formation, interne ou externe	• Appel d'offres ou appel à projets • Méthodes d'achat et d'évaluation des offres
	●		●	●	■ Conception, négociation ou choix des différentes modalités caractérisant la formation • formule : stage, formation en alternance, formation à distance, etc. • pédagogie : structure d'ensemble, progression, moyens et méthodes • intervenants • durée, lieu • etc.	• Ingénierie de formation
			●	●	■ Définition avec le fournisseur-prestataire des termes contractuels sur la base desquels la formation sera réalisée (objectifs, moyens, coûts, délais...)	• Contrat pédagogique (cahier des charges de la formation)
			●	●	■ Organisation de la mise en œuvre de la formation (structures, responsabilités, calendrier)	

Légendes : D : Direction SF : Service Formation
MP : Managers de proximité PF : Prestataire de formation
A : Apprenants

3. RÉALISATION

Objectif : Obtenir et suivre la mise en œuvre de la formation

Acteurs					Activités	Outils
D	MP	A	SF	PF		
		●		●	■ Mise en œuvre de la formation (face à face pédagogique constituant une « boîte noire » c'est-à-dire un système géré en interne de façon autonome par le formateur)	• Méthodes, moyens et supports pédagogiques
●	●	●	●	●	■ Suivi et évaluation concomitants à la mise en œuvre • points d'avancement et actions correctrices • évaluation en fin de formation (« à chaud ») en termes — d'atteinte des objectifs pédagogiques et d'acquisition de capacités — de satisfaction des apprenants — de conformité de la réalisation par rapport au cahier des charges	• Supports de suivi et d'évaluation : questionnaires, tests, compte rendu d'échanges en groupe, etc.

Légendes : D : Direction SF : Service Formation
MP : Managers de proximité PF : Prestataire de formation
A : Apprenants

4. TRANSFERT DES ACQUIS ET INTÉGRATION DES RÉSULTATS DE LA FORMATION

Objectif : Utiliser et évaluer la formation en se situant dans une démarche d'amélioration continue

Acteurs					Activités	Outils
D	MP	A	SF	PF		
	●	●			■ Transfert des acquis de la formation en situation de travail • échanges et retours d'expérience après la formation (avec collègues, hiérarchie, collaborateurs) • identification des opportunités et des difficultés de mise en œuvre des acquis et recherche ou création des conditions les plus favorables à cette mise en œuvre	• Entretiens ou réunions au sein de l'entreprise ou des unités de travail
●	●	●	●	●	■ Évaluation *a posteriori* (« à froid ») des effets de la formation, prévus ou inopinés • contributions aux performances ou à l'atteinte de résultats professionnels • contributions à la mise en œuvre de compétences en situation professionnelle • acquisitions de capacités non traduites en compétences (non pratiquées)	• Avis des clients, des managers (dirigeants et managers de proximité), du personnel, etc. • Audits et diagnostic divers • Bilans de compétence • Entretiens d'évaluation ou entretiens sur la formation

Acteurs					Activités	Outils
D	MP	A	SF	PF		
●	●	●	●		■ Utilisation de l'expérience acquise à l'occasion de la formation pour progresser • nouveaux besoins de développement des compétences et de formation • nouveaux axes de travail pour améliorer les performances ou les pratiques professionnelles • idées ou axes de travail pour améliorer les processus de développement des compétences ou de formation	• Entretiens d'évaluation ou entretiens sur la formation • Groupes d'amélioration des processus, groupes de projets ou groupes de progrès divers

Légendes : D : Direction SF : Service Formation
MP : Managers de proximité PF : Prestataire de formation
A : Apprenants

VERS L'ENTREPRISE APPRENANTE ?

Dès lors que la compétence devient un élément déterminant de la performance, il est essentiel de mieux manager la formation, ainsi que nous venons de le voir. Mais l'erreur serait de croire que cela suffit. En fait la formation n'est qu'un moyen, parmi d'autres, de développement de la compétence. Et d'une façon générale, pas le principal. Pour Michael J. Marquardt, auteur de différents ouvrages et études sur l'apprentissage (au sens large d'acquisition de compétences) dans les entreprises, « la plupart des organisations reconnaissent maintenant que jusqu'à 90 % de ce qui est appris se produit lorsque la personne est en situation de travail »[3]. Sur ce point la France est certainement en retard par rapport aux autres pays industrialisés. Le poids du modèle scolaire, de la formation formelle, de l'enseignement sous sa forme traditionnelle et académique, fait que dans notre pays, apprendre signifie d'abord pour la plupart des adultes, « retourner à l'école ». Aux États-Unis, en Allemagne ou au Japon, l'apprentissage sur le tas, par la pratique, le « on the job training », ou l'alternance entre différents modes d'apprentissage sont plus valorisés et plus développés.

Toutefois, l'idée que les individus apprennent non seulement dans le cadre d'actions de formation séparées des lieux et des temps habituels de travail mais aussi et surtout à partir de l'expérience vécue et acquise en situation professionnelle, fait son chemin également dans les entreprises françaises. Dans les années 80, on a commencé à parler d'« entreprise formatrice », puis d'« organisation qualifiante ». Aujourd'hui, on s'intéresse, bien qu'encore timidement, aux concept d'« entreprise apprenante ». Pour mieux cerner les caractéris-

---

3. Michael J. MARQUARDT, *Building the learning organisation, a systems approach to quantum improvement and global success*, McGraw-Hill, 1996.

tiques de cette entreprise apprenante et aider le manager à diagnostiquer dans quelle mesure les orientations stratégiques, les modalités de fonctionnement et la culture de son organisation (entreprise, service ou unité de travail) développent les apprentissages individuels et collectifs, nous proposons un quiz.

Votre organisation est-elle apprenante ?

Ce quiz est un outil de diagnostic et de réflexion qui doit vous permettre d'évaluer dans quelle mesure votre organisation (entreprise, service ou unité de travail) est apprenante et dans quelle mesure elle devrait et pourrait l'être plus.

Pour cela, nous vous proposons de confronter les pratiques dans votre organisation à 40 pratiques-types considérées comme caractéristiques d'une organisation apprenante.

Pour chaque pratique envisagée, indiquez ce qui se fait et ce qui vous apparaît souhaitable, en fonction d'un code, tel que :

- pratique absente (ou inefficace) =   0
- pratique rare (ou peu efficace) =   1
- pratique fréquente (ou assez efficace) = 2
- pratique régulière (ou très efficace) =   3

Vous pourrez ainsi mesurer les écarts entre le constat que vous faites et les objectifs que vous vous donnez, et à partir de là réfléchir et rechercher, avec les personnes concernées, les éventuelles actions de progrès à mettre en œuvre.

Vous pouvez bien sûr faire le même travail en modifiant la liste des pratiques-types proposées, ou en leur attribuant des poids (des coefficients) différents, en fonction des spécificités et des priorités de votre organisation. Vous construirez ainsi votre propre référentiel de l'organisation apprenante.

		Le constat	L'objectif
1	La capacité d'apprentissage collectif permanent est considérée comme une priorité par l'organisation		
2	L'organisation a identifié clairement ses compétences essentielles d'aujourd'hui et pour demain		
3	Le management des compétences est un élément intégré au management stratégique de l'organisation		
4	L'importance d'être une organisation apprenante est comprise dans toute l'organisation		
5	Les dirigeants donnent l'exemple de la motivation à apprendre et de l'apprentissage continu		

		Le constat	L'objectif
6	Les objectifs ou les orientations stratégiques de l'organisation sont largement diffusés et connus de tous		
7	Chacun est encouragé et aidé pour gérer et développer ses propres compétences		
8	L'organisation analyse son propre fonctionnement (diagnostics, audits ou évaluations, internes ou externes...)		
9	La communication interne est intense, sous ses aspects formels et informels		
10	La mobilité interne (entre fonctions, services, métiers, établissements) est une source d'évolution professionnelle		
11	La structure est simple et plate (peu de niveaux hiérarchiques, circuits courts)		
12	L'organisation pratique la décentralisation, la délégation, la responsabilisation, la subsidiarité, l'autonomie, l'auto-contrôle		
13	Des séances de travail permettent des échanges d'expériences et des réflexions sur les pratiques		
14	L'organisation pratique la formation-action		
15	L'organisation met en œuvre pour le personnel des dispositifs structurés de formation sur le tas : alternance, tutorat, coaching, etc.		
16	Un système d'information (bases de connaissances ou de données, connexion avec divers réseaux) permet de rassembler, de stocker, de traiter et de diffuser des informations internes et externes à l'organisation		
17	Une fonction de veille permet de rechercher, de recueillir et d'exploiter les informations utiles pour organisation : analyse des pratiques intéressantes, suivi des publications, assistance à des conférences ou colloques professionnels, missions d'étude, etc.		
18	L'organisation teste et expérimente en permanence de nouveaux produits ou services, de nouvelles méthodes ou de nouveaux processus avant leur généralisation éventuelle		
19	La formation est intégrée dans les projets et dans les processus essentiels de fonctionnement de l'organisation		
20	Les partenariats avec des acteurs extérieurs à l'organisation (clients, fournisseurs, autres entreprises, administrations...) sont sources d'apprentissages		
21	Le contexte et la culture de l'organisation suscitent et valorisent l'envie d'apprendre et la curiosité intellectuelle		

▶

	Le constat	L'objectif
22 Le fonctionnement de l'organisation s'appuie sur le travail en groupe (ou en équipe) au sein des unités élémentaires de travail		
23 La pratique des groupes transversaux et des groupes de projet est intégrée dans le fonctionnement de l'organisation		
24 L'organisation fabrique ses propres savoirs et savoir-faire		
25 Les savoirs et les savoir-faire sont formalisés et codifiés, l'expérience répertoriée, traduite par écrit		
26 Les procédures sont élaborées avec les opérationnels, les praticiens chargés de les mettre en œuvre		
27 L'organisation intègre dans son fonctionnement des processus d'amélioration permanente (démarches qualité, groupes de progrès, etc.)		
28 En cas d'imprévu, la capacité de réaction est rapide		
29 L'organisation sait remettre en cause ses façons de faire (méthodes, culture), sortir de ses habitudes et « désapprendre »		
30 Tout projet est considéré comme une occasion d'apprendre		
31 Le droit à l'erreur est reconnu		
32 La culture de organisation valorise la diversité et permet de faire coexister et collaborer des personnes très différentes		
33 Les motifs d'insatisfaction des clients sont systématiquement analysés et donnent lieu à une recherche d'améliorations avec les personnes concernées dans l'organisation		
34 Les moyens pour apprendre sont nombreux, divers et accessibles à tous : actions de formation nouvelles, centres de ressources et matériels d'autoformation, formation sur le tas et à travers l'expérience individuelle ou l'échange d'expériences, etc.		
35 Des savoir-faire généraux ou transversaux, tels que les compétences de travail en équipe, de résolution de problèmes, d'organisation personnelle, de travail par processus ou par projets, etc. sont diffusés par la formation et par la pratique		
36 L'apprentissage permanent et le développement continu des connaissances sont considérés comme des conditions du professionnalisme		
37 Le fait d'apprendre ou d'aider les autres à apprendre est valorisé et récompensé		
38 Tous les emplois demandent une qualification		

	Le constat	L'objectif
39 L'encadrement est chargé de suivre et de faire évoluer les compétences du personnel		
40 Les managers développent leurs compétences selon diverses modalités : lectures, réflexions, écoute, participation à différentes groupes, conduite de projets, exercice de responsabilités élargies, changements de fonction, etc.		

Dans la pratique, les entreprises apprenantes, sont rares, surtout en France.

Faut-il y voir la manifestation d'un retard français ? Les exemples les plus souvent cités sont surtout japonais (Kao, Canon, Matsushita, Honda, etc.), éventuellement américains (3M, Whirlpool, McKinsey), parfois anglais (Rover). Une étude réalisée par Arthur D. Little pour *Les Echos*[4] auprès de cinquante grandes firmes européennes fait apparaître que les firmes françaises se sentent concernées par le thème de l'organisation apprenante mais s'estiment mal préparées et loin de l'idéal dans ce domaine. Seules, quelques rares entreprises ont créé des structures pour favoriser la circulation des connaissances et l'apprentissage collectif : L'Oréal, Usinor, Sodexho, SEB...

Mais nous voudrions proposer une autre analyse, qui n'exclut pas la précédente, des difficultés de mise en œuvre de l'organisation apprenante. Selon cette analyse, le concept d'organisation apprenante ne prendrait pas en France, parce qu'il véhicule les quatre illusions du management et que celles-ci ne fonctionnent plus aussi bien qu'auparavant dans notre contexte culturel.

Illusion de la magie des méthodes : l'organisation apprenante peut apparaître comme une formule managériale promettant aux entreprises plus qu'elle ne pourra vraisemblablement leur apporter et court le risque de devenir un concept gadget.

Illusion de la magie du discours : il ne suffit pas de proclamer qu'une organisation est apprenante ou qu'elle doit le devenir pour que la réalité se conforme aux effets d'annonce.

Illusion de l'entreprise modèle : n'y a-t-il pas quelque angélisme, voire quelque indécence à diffuser un idéal de l'entreprise apprenante à l'heure où les entreprises licencient, restructurent, vivent dans l'incertitude et ne facilitent pas, par la plus grande part de leurs pratiques, le développement de contextes propices à l'apprentissage ?

---

4.   Enquête *Les Échos-Management* sur les entreprises apprenantes, 1996.

Enfin, illusion de l'entreprise communautaire : tout le monde a-t-il envie d'apprendre dans l'entreprise et pour l'entreprise ?

Le concept d'entreprise apprenante est une mauvaise réponse à la vraie question du développement des différentes formes d'apprentissage dans le contexte professionnel. Il fonctionne comme un piège, comme toute expression visant à qualifier la réalité forcément complexe, multiple et changeante des entreprises. Au milieu des années 80, les déboires survenus à plusieurs entreprises qui avaient obtenu le label d'excellence quelques années plus tôt dans le best-seller de Peters et Waterman, amenèrent à s'interroger sur la pertinence des principes du succès énoncés par les deux auteurs. À la fin des années 90, il nous semble clair qu'on ne peut plus cerner la réalité de l'entreprise en termes d'état, de contenu, d'identité stable, et qu'il faut prendre en compte la diversité des contextes et la dynamique d'évolution des situations. C'est pourquoi, plutôt qu'en termes d'entreprise ou d'organisation apprenante, il nous semble important de raisonner en termes de processus d'apprentissage, ou de développement des compétences, dans l'entreprise. Cette approche nous paraît plus modeste, plus réaliste et plus opératoire. Elle se prête à des analyses et des recherches d'amélioration *in situ*, dans toute entreprise.

MANAGER
LES COMPÉTENCES

La compétence, ce « savoir agir reconnu », selon l'expression de Guy Le Boterf[5], peut s'analyser comme la combinaison de savoirs et de savoir-faire utiles pour l'action. Sous le terme de savoir nous désignons des connaissances dans les domaines scientifiques, techniques, méthodologiques. Ces connaissances à propos de... (know what) sont formalisées ou explicitées, c'est-à-dire exprimées par des mots ou par des chiffres et transmissibles par l'écrit ou par la parole. Ainsi les savoirs de l'entreprise sont contenus dans les manuels, les procédures, les normes, les référentiels, les méthodologies, les bases de données et de connaissances, et d'une façon générale dans l'ensemble des systèmes de gestion de l'information et de la communication. Le terme de savoir-faire recouvre des capacités pratiques portant sur le comment faire (know how), acquises par l'expérience et pour l'essentiel informelles et implicites, ou tacites : on sait faire, sans savoir ou pouvoir le dire, car le savoir-faire, qui est du domaine de l'action et du vécu, n'est pas transmissible par les seuls

---

5. Guy LE BOTERF, *De la compétence, essai sur un attracteur étrange*, Les Éditions d'Organisation, 1994.

mots[6]. Dans l'entreprise les savoir-faire se manifestent à tous les niveaux et dans tous les domaines d'activité à travers les diverses caractéristiques du professionnalisme : le talent, l'intelligence pratique, l'habileté, le doigté, le tour de main, l'intuition, etc. Alors que les savoirs, formels, sont généraux et impersonnels, les savoir-faire, informels, sont très liés aux personnes et aux contextes dans lequel ils s'exercent.

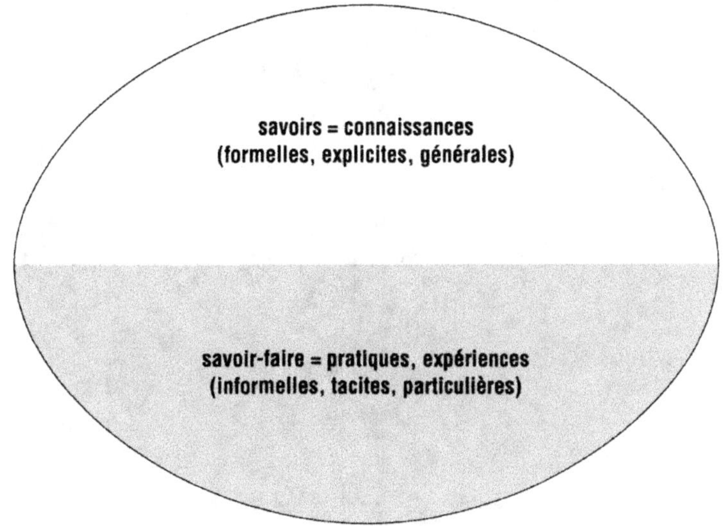

Les compétences = savoirs + savoir-faire

Le « capital compétences » d'un individu, d'une unité de travail ou d'une entreprise est donc un ensemble de savoirs et de savoir-faire utiles. Développer ces compétences, c'est augmenter ce capital. Cela peut se faire en acquérant des compétences (savoirs ou savoir-faire) externes, ou en fabriquant des compétences au sein de l'entreprise. Développer les compétences, c'est diffuser des compétences existantes mais également, de plus en plus, créer des compétences nouvelles à partir des pratiques des acteurs dans l'entreprise ou dans les partenariats entre l'entreprise et ses principaux interlocuteurs dans son environnement.

Le schéma ci-après, propose une représentation des processus de développement des compétences. Il s'inspire en partie des travaux de spécialistes du

---

6. Michael POLANYI, *Personal knowledge : toward a post-critical philosophy*, University of Chicago Press, 1958 ; ID., *The tacit dimension*, Routledge & Kegan Paul, 1966.

management de l'innovation, comme Nonaka et Takeuchi[7] ou Boisot[8] et de spécialistes de l'éducation, comme Kolb[9] et Malglaive[10].

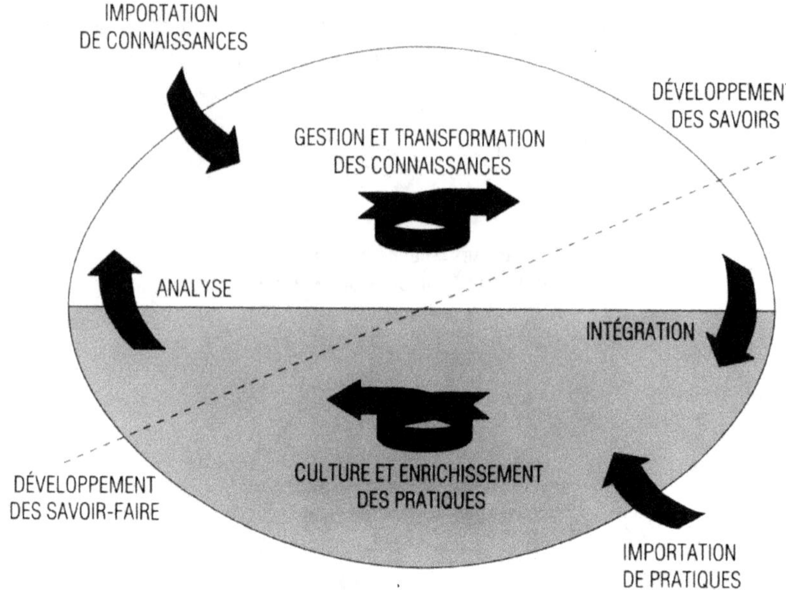

Les processus de développement des compétences

Les processus de développement des savoirs sont de trois types :

– production de connaissances à partir des pratiques internes, selon un processus d'analyse : par exemple formalisation ou capitalisation des savoir-faire, retours d'expériences et réflexions à partir de l'expérience, sélection des meilleures pratiques ou des pratiques les plus intéressantes, identification des facteurs et des conditions de réussite, diagnostics, évaluations, audits, recherche créative d'idées ou construction de scénarios après immersion sur le terrain, etc.

---

7. Ikujiro Nonaka, Hirotaka Takeuchi, *The knowledge-creating company, how japanese companies create the dynamics of innovation*, Oxford University Press, 1995.
8. Max Boisot, *Information and organizations, the manager as anthropologist*, Fontana/Collins, 1987.
9. David Kolb, *Experiential learning : experience as the source of learning and development*, Prentice Hall, 1984.
10. Gérard Malglaive, *Enseigner à des adultes*, Presses Universitaires de France, 1993.

- importation de connaissances externes : veille technologique et commerciale, benchmarking ou étalonnage concurrentiel (comment font les autres), recrutements, achats d'informations, d'études, de formations, etc.

- gestion et transformation des connaissances internes : échange, diffusion et enrichissement des savoirs à de multiples niveaux et sous de multiples formes, systèmes d'information et de communication (du journal d'entreprise aux autoroutes de l'information en passant par les tableaux de bord de gestion et les manuels de procédures).

Les processus de développement des savoir-faire sont aussi de trois types :

- production de nouvelles pratiques en intégrant de nouveaux savoirs dans l'expérience professionnelle : apprentissage et appropriation de nouvelles méthodes, transfert et diffusion de nouvelles technologies, expérimentations, tests, prototypes, mise en œuvre et démultiplication des acquis d'actions de formation, formations-actions, etc.

- importation de pratiques externes : recrutements, fusions-acquisitions, coopération intensive avec des clients ou d'autres partenaires extérieurs, appel à des consultants, développement des pratiques à l'international et du management interculturel, etc.

- culture et enrichissement des pratiques internes : réseaux d'échange et de mise en commun des expériences, communautés de pratiques, compagnonnage, formation sur le tas ou formation informelle, tutorat, coaching, développement des cultures professionnelles ou d'entreprise, travail d'équipe au niveau des unités de travail ou de groupes transfonctionnels, parcours individuels de qualification à travers la mobilité professionnelle, etc.

Les voies du développement des compétences sont multiples. Elles ne se limitent pas à la formation. C'est tout un nouveau champ du management qui s'ouvre, encore peu identifié en tant que tel et peu pratiqué de façon organisée et structurée : le management des compétences.

Les entreprises commencent à prendre conscience du fait que, selon la formule d'Arie de Geus, la capacité à apprendre plus vite que la concurrence est, pour un nombre de plus en plus important d'entre elles, le seul avantage compétitif durable[11]. Les compétences sont cependant moins bien gérées que les autres ressources, matérielles et financières, ou les autres facteurs de production. C'est le domaine de la fonction ressources humaines qui le plus souvent suit la stra-

---

11. Arie de GEUS, « Planning as learning », *Harvard Business Review*, mars-avril 1988.
Arie de GEUS, *The living company, growth, learning and longetivity in business*, Nicolas Brealey Publishing, 1997.

tégie sans participer réellement à son élaboration. Les managers commandent de la formation et pensent qu'elle va automatiquement résoudre tous leurs problèmes de compétences.

Les DRH ont, depuis quelques années, construit des systèmes de GPEC (Gestion Prévisionnelle des Emplois et des Compétences), souvent formels, compliqués et peu efficaces parce que reposant sur une logique traditionnelle de planification-prévision.

Ces méthodes sont parfois utiles mais en général insuffisantes. Un véritable management des compétences suppose une intégration dans l'ensemble des processus de management, au niveau global de l'entreprise et local des unités de travail, des processus multiples de développement des savoirs et des savoir-faire que nous avons évoqués précédemment.

Ce management des compétences est un ensemble de pratiques, dont certaines existent mais beaucoup restent à développer et qui nécessite un pilotage global cohérent. L'essentiel est encore à expérimenter et à construire. Voilà du grain à moudre pour les entreprises et les managers dans les années qui viennent.

Chapitre 7

LE MANAGEMENT DE DEMAIN SE CONSTRUIT AUJOURD'HUI

SORTIR DES LOGIQUES MÉCANISTES

Nous venons d'explorer quatre nouveaux champs de compétences où les managers doivent faire face à l'incertitude, à l'instabilité, à la précarité : le management stratégique, le management des processus, le management des projets, le management des compétences. Dans chacun de ces domaines, des modèles, des logiques de pensée et d'action traditionnels sont remis en cause par de nouvelles pratiques en émergence.

Derrière les modèles et les logiques traditionnels, comme derrière ces nouvelles pratiques en émergence, il y a à chaque fois une représentation du monde, une grille de lecture, couramment admise mais largement implicite : un paradigme, pour utiliser le terme de l'historien des sciences Thomas Kühn[1].

---

1. Thomas KUHN, *La structure des révolutions scientifiques*, Flammarion, 1995.

Pour comprendre les mutations en cours, pour interpréter les évolutions à l'œuvre, pour pouvoir agir dans un univers dont le sens n'est pas *a priori* évident, le manager doit désormais repérer et caractériser les paradigmes qui fondent son action et celle des autres acteurs du milieu dans lequel il intervient. À partir de là, il pourra véritablement s'ouvrir aux nouvelles pratiques, du type de celles que nous avons décrites dans les chapitres précédents, en les intégrant dans une démarche globale dotée de sens.

Les logiques traditionnelles ressortent de ce qu'Edgar Morin appelle le Grand Paradigme d'Occident[2], qui s'est construit au fil des siècles et fonde les systèmes d'idées dominants dans les domaines scientifique, philosophique, social, économique et politique. Nous le résumerons en six principes. Ces principes imprègnent ou guident nos raisonnements et nos actes. En général à notre insu, parce qu'ils ne sont pas formulés, explicités et s'ils l'étaient seraient considérés comme des évidences.

Les trois premiers principes remontent à Aristote[3], qui en fit la base de la logique. Le principe d'identité (A est A) amène à saisir chaque chose, chaque entité, à travers ses caractéristiques propres, son essence, sa substance, son contenu. Il conduit à une représentation de « la chose en soi » (les idées platoniciennes), à la pratique de l'analyse (décomposition d'un ensemble en unités élémentaires, selon le deuxième principe de la méthode de Descartes), ainsi qu'à la catégorisation et à la classification. Le principe de non-contradiction (A n'est pas B et non-B) sépare les contraires au nom de la cohérence logique. Toute contradiction ne peut être qu'une erreur de raisonnement. Le principe du tiers exclu (A est B ou non-B) qualifie comme logique le raisonnement binaire ou dichotomique (« de deux choses l'une... », « ou bien... ou bien... »).

Dans le prolongement de la logique d'Aristote, la logique occidentale s'est construite sur la base du déterminisme. C'est le quatrième principe. Les phénomènes s'analysent en termes de relations de causalité. Il n'y a pas d'effet sans cause et les mêmes causes produisent les mêmes effets. À travers ces analyses causes-effets, ce qui est recherché, c'est la possibilité de formuler des lois générales, des principes universels, des connaissances théoriques objectives, fondés sur des expérimentations reproductibles et validés par des données quantitatives. Derrière ces ambitions et ces démarches, un même principe de formalisation (cinquième principe) : est reconnu ce qui a été démontré par des mots et par des chiffres.

---

2. Edgar MORIN, *La méthode, 4. Les idées, leur habitat, leur vie, leurs mœurs, leur organisation,* Éditions du Seuil, 1995.

3. ARISTOTE, *L'organon,* tome II et tome III, Jean Vrin, 1966.

Le sixième principe découle des précédents. C'est le principe de la déduction qui part d'une loi, d'une théorie, ou d'un modèle universel pour analyser ou modifier un élément ou un contexte spécifiques. On se situe là dans l'optique du rationalisme et des courants pour lesquels le général prime sur le particulier, la pensée sur l'action, la théorie sur la pratique.

Ces principes fondent des logiques mécanistes de pensée et d'action. Leur grille de lecture du monde est celle de la machine. L'entreprise et l'homme au travail sont envisagés comme des machines, des mécanismes. Il suffirait d'en connaître les lois de fonctionnement pour, en actionnant les bons leviers, obtenir automatiquement les résultats attendus.

Les approches traditionnelles du management classique décrites dans les chapitres précédents (en opposition à de nouvelles pratiques émergentes) sont pour nous des illustrations du paradigme de la machine.

Ces logiques mécanistes, qui correspondaient bien à un univers industriel, sont de plus en plus décalées et dysfonctionnelles dans une société et une économie post-industrielles aux contours flous et aux évolutions incertaines.

Un nouveau paradigme, une nouvelle représentation du monde et de l'action apparaît progressivement à travers les nouvelles pratiques d'un management en pleine mutation. Ses principes s'opposent à chacun des principes qui fondent les logiques mécanistes.

Logiques mécanistes		Logiques en émergence
1. Identité	⇔	1. Interaction, processus
2. Non-contradiction	⇔	2. Contradiction
3. Tiers exclus	⇔	3. Tiers inclus
4. Déterminisme	⇔	4. Causalité complexe, chaos
5. Formalisation	⇔	5. Poids de l'informel
6. Déduction	⇔	6. Induction

Logiques mécanistes et logiques en émergence : les principes

Examinons en quoi chacun des six principes sur lesquels reposent les logiques mécanistes est désormais bousculé par les nouvelles pratiques managériales.

Le principe d'identité, sous sa forme classique, est remis en cause dans une époque de mutations et de complexité. Toute chose, toute entité ne peut plus être examinée ou comprise hors de son contexte et de son évolution. Les deux notions centrales sont désormais celles d'interaction et de processus.

Manager (une unité de travail, un projet, un collaborateur), ce n'est pas manager ces entités en soi, mais dans leurs relations avec leur environnement et dans une dynamique (une trajectoire, un parcours, une histoire). Ainsi manager les motivations, les communications, les compétences, ce n'est pas, comme on le pense et on le fait encore trop souvent, manipuler les personnalités ou les dispositions individuelles des personnes au travail, mais plutôt chercher à modifier les caractéristiques des situations de travail pour que ces personnes choisissent (éventuellement) de se comporter et d'évoluer autrement. Les solutions sont à trouver du côté d'une approche systémique de l'organisation plutôt que par des actions directives ou « psychologiques » centrées sur les individus.

Les principes de non-contradiction et du tiers exclu ne sont plus tenables dès lors que les tensions, les contradictions, les paradoxes, les ambiguïtés traversent de part en part et à de multiples niveaux les organisations. Derrière l'unité apparente se cache le multiple, l'hétérogène, le complexe, le contradictoire. Il est vain de chercher à l'éliminer, mieux vaut en tirer parti et passer de la logique unique, monolithique, à une logique dialectique de la coexistence des contraires, de la gestion des contradictions et des conflits. Raisonner non plus en termes de « ou bien... ou bien... » mais de « et... et... ». Se demander non plus quel extrême on va choisir, mais où l'on va mettre le curseur. Chercher à intégrer plus qu'à exclure. Doser, combiner, multiplier les perspectives pour innover grâce à la diversité, produire des synthèses efficaces et originales, développer les médiations. L'intégration de la dialectique dans le management encore timide, mais elle progresse[4].

Le principe de déterminisme est désormais de plus en plus souvent invalidé par le fait que dans des systèmes complexes la causalité n'est ni simple ni facilement identifiable et, à la limite, n'a plus de sens. De linéaire (un ordre provoque une exécution), la causalité devient circulaire (la non-délégation entraîne la dépendance qui justifie la non-délégation), ou récursive (l'équipe produit le projet qui produit l'équipe). Les chaînes causales sont complexes et il convient de les identifier dans chaque situation spécifique, si on le peut, en se méfiant des raisonnements simplistes et réducteurs. Ainsi la formation peut permettre de développer des compétences, mais sous certaines conditions et ce n'est pas forcément le mode d'action à privilégier. De même le développement des compétences peut améliorer la performance mais le résultat n'est pas non plus

---

4. Voir sur ce thème : Gérard KOENIG, *Management stratégique, paradoxes, interactions et apprentissages*, Nathan, 1996 ; Jean Simonet, *Pratiques du management en Europe, gérer les différences au quotidien*, Les Éditions d'Organisation, 1992 : Richard Tanner PASCALE, *Managing on the edge, how the smartest companies use conflict to stay ahead*, Simon and Schuster, 1990.

garanti et on peut agir sur d'autres facteurs. De quoi réfléchir avant de décréter qu'un stage de formation est la solution lorsque les résultats professionnels sont insatisfaisants... La preuve de l'existence des systèmes d'action complexes est la production d'effets non désirés, non intentionnels, favorables ou défavorables. Selon la formule de l'économiste Hayek, les sociétés humaines sont « le résultat de l'action des hommes, mais pas de leurs desseins »[5].

Le principe de formalisation marque ses limites devant l'importance croissante de l'immatériel, de l'invisible, de l'implicite, du tacite qui caractérise aujourd'hui le travail et les organisations, dans une économie des services et de l'information. On découvre à la fois que l'intelligence, les connaissances pratiques et les capacités à apprendre d'une entreprise constituent de plus en plus un avantage compétitif essentiel et que ce capital invisible repose dans les pratiques individuelles et collectives des membres de cette entreprise et pas seulement dans les manuels, les procédures ou les ordinateurs. Les structures, les méthodes et les systèmes formels ne représentent que la surface des choses, la partie apparente de la vie de l'organisation. L'essentiel est caché. L'informel ne se réduit pas au psychologique, à l'affectif et au relationnel, depuis longtemps repérés par l'école des relations humaines. C'est, selon l'expression de Michel Moullet, tout un système de management clandestin qui exprime la résistance des faits et de la réalité sociale aux volontés du management officiel[6]. Management officiel et management clandestin sont les deux formes d'une même réalité. Le management clandestin est l'ombre du management officiel. Il exprime une réalité incontournable que, dans la plupart des entreprises, le management officiel ne sait pas prendre en compte. La tragédie du management, c'est qu'il se bat contre lui-même, qu'il cherche à se débarrasser de son ombre, que les énergies du management officiel et du management clandestin s'affrontent au lieu de se compléter. Et Michel Moullet de rappeler que la tragédie est un combat dans lequel les deux parties ont raison. Les échecs ou les limites de démarches de management ou d'organisation ignorant les réseaux d'acteurs, leurs logiques et leurs enjeux, sont des exemples courants de cette tragédie du management, génératrice de gâchis aux niveaux individuel et collectif. Comment penser, par exemple, qu'un salarié qui ne participe pas à la formalisation des procédures qu'il aura à mettre en œuvre, puisse se sentir impliqué dans une démarche qualité ?

La dialectique du formel et de l'informel, de l'officiel et du clandestin nous amène à la dialectique de la déduction et de l'induction, ou de la primauté

---

5.   Frederick A. HAYEK, in E.M. CLAASSEN, *Les fondements philosophiques des systèmes économiques*, Payot, 1967.
6.   Michel MOULLET, *Le management clandestin*, InterÉditions, 1992.

donnée à la théorie ou à la pratique, à la pensée ou à l'action, à la réflexion abstraite ou à l'expérience concrète. Le principe de déduction est à la fois dominant et de plus en plus souvent inopérant. Une étude d'A.T. Kearney révèle que 70 % des projets de changement menés dans les entreprises françaises échouent et que les dirigeants considèrent leur propre engagement comme prioritaire, mais beaucoup moins prioritaires les conditions de mise en œuvre du changement[7]. Pour Francis Meston, vice-président de A.T. Kearney, « nous avons affaire à un management assez technocratique qui, estimant avoir raison sur le papier, pense déclencher automatiquement l'adhésion du corps social ». En somme, ce qui est valorisé, c'est le maniement des concepts, et ensuite l'intendance doit suivre. L'étude fait apparaître que la plupart des dirigeants interrogés avouent ne pas réussir à maîtriser ce qu'ils appellent « l'immatériel », en fait l'implication du personnel, et considèrent que des progrès restent à faire au sein de leur entreprise dans la gestion du changement. Cette étude nous semble bien confirmer ce que nous observons dans les entreprises françaises actuelles, où les pratiques de management restent toujours imprégnées d'une logique déductive (faire appliquer des modèles) alors que le besoin est de plus en plus ressenti d'approches inductives (construire ensemble des nouveaux modes d'action à partir des expériences des acteurs et des exigences de la situation).

Bien entendu, les modèles traditionnels de pensée et d'action ne sauraient être définitivement abandonnés. Outre qu'une telle ambition serait illusoire, ils restent parfois pertinents, économiques, efficients, commodes, en particulier dans des contextes relativement stables et relativement simples. Mais le manager doit être de plus en plus capable d'en sortir, c'est-à-dire de développer d'autres logiques, fondées sur les nouveaux principes que nous venons d'examiner.

Les logiques ménanistes et les logiques non mécanistes s'opposent et se complètent à la fois. En s'ouvrant à de nouveaux raisonnements et à de nouveaux modes d'action, le manager accroît sa capacité à faire face à un monde complexe et instable.

LE MANAGER RÉFLEXIF

Pour enrichir ses modèles de pensée et d'action, le manager est de plus en plus amené à réfléchir sur sa pratique, à l'analyser pour la faire évoluer, par petites

---

7. Marie-Béatrice BEAUDET, « Avoir les yeux plus grands que le ventre : le défaut français des projets de changement », *Le Monde*, 21 mai 1997.

touches ou de façon radicale. Confronté à un univers précaire, il lui faut prendre du recul, se remettre fréquemment en question, adopter et souvent inventer de nouveaux comportements. Ce qui était efficace, utile, performant, peut devenir rapidement inadapté, contre-productif. Il lui faut comprendre pourquoi et identifier quelles sont les nouvelles règles du jeu dans lequel il est projeté. Exercice d'autant plus difficile que ces règles sont souvent difficilement déchiffrables et fluctuantes, non stabilisées.

Le management est classiquement défini comme l'art et les techniques permettant d'obtenir des résultats à travers un bon agencement des ressources, et plus particulièrement une bonne animation des ressources humaines (« to get the right things done through people » selon Peter Drucker). Cela reste toujours vrai, et le cœur du management est le processus cyclique et continu, qui va de la définition des objectifs à l'organisation de l'action et au contrôle des résultats, puis de nouveau à la fixation d'objectifs, etc.

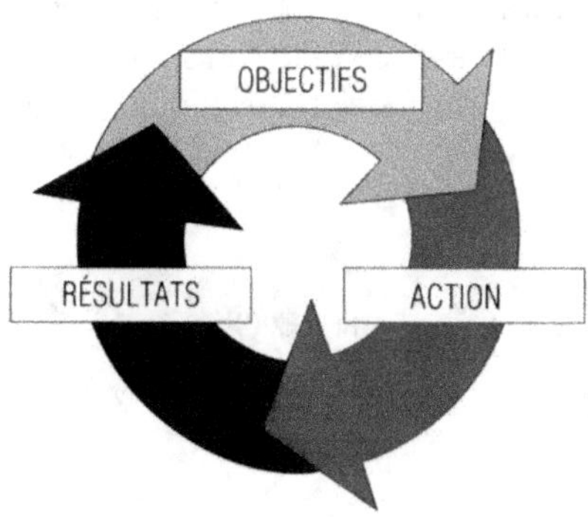

Le cycle du management

Depuis Fayol et ses impératifs (prévoir, organiser, commander, coordonner, contrôler), la cohérence de la démarche managériale reste globalement la même. Les enquêtes auprès des entreprises et des administrations montrent qu'au-delà de toutes les modes managériales, le MPO (management par objectifs) demeure le noyau dur incontournable et indémodable des pratiques de management[8].

Par contre le contexte et les conditions d'un bon fonctionnement du cycle du management changent. Le manager n'est plus seulement le manager d'une

---

8. *Que reste-t-il de 25 ans de concepts et de pratiques de management ?*, une enquête d'IDRH, Management France, octobre 1995

équipe[9], d'un groupe relativement stable de collaborateurs au statut de salariés « classiques », dans une structure d'objectifs et de responsabilités pérenne. Aujourd'hui l'imprévisibilité de l'avenir rend les objectifs difficiles à déterminer et changeants. Les logiques d'action ne sont plus seulement verticales mais de plus en plus transversales. Elles mobilisent de plus en plus des compétences nouvelles et exigent de multiples flexibilités, individuelles et collectives, au niveau des modalités d'exercice du travail et de l'organisation. Enfin les résultats sont de moins en moins assurés, de moins en moins faciles à obtenir.

Les managers sont donc amenés à reconsidérer leurs conceptions et leurs pratiques de management, à titre individuel et collectif. Le bon fonctionnement du cycle du management n'est plus acquis. Pour pouvoir continuer à manager, il faut changer le management, apprendre à manager mieux et souvent autrement, faire évoluer les représentations mentales et les modes d'action. En un mot manager le management. Ce management au niveau 2 ou de deuxième ordre, se développe à travers le cycle du métamanagement, qui enrichit l'expérience acquise par des phases de réflexion sur les pratiques, débouchant sur la connaissance de nouveaux modèles à expérimenter sur le terrain.

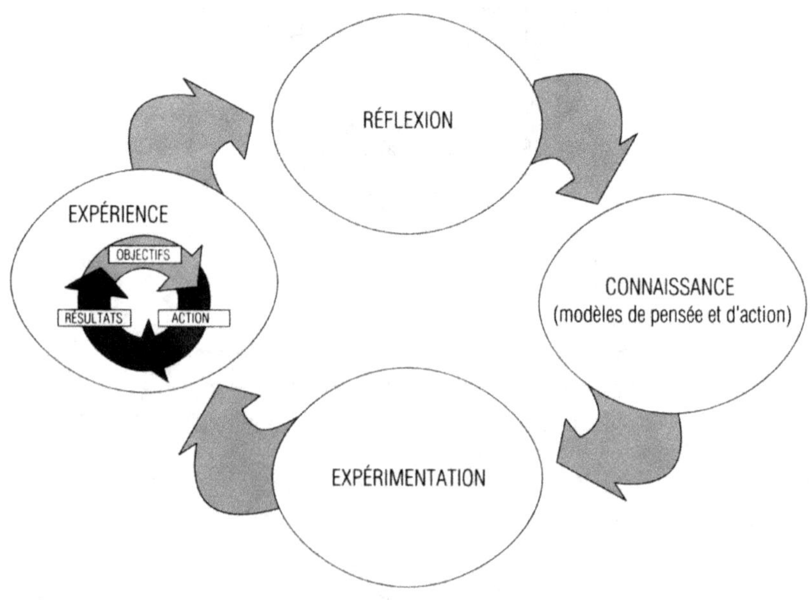

Le cycle du métamanagement

---

9. Jean SIMONET, *Le management d'une équipe, guide pour négocier, animer, former*, Les Éditions d'Organisation, 1994.

Les pratiques réflexives, ou de management de deuxième ordre, se développent aujourd'hui à différents niveaux et sous des formes multiples. Elles partent de l'expérience (actions et pratiques au premier degré) puis s'en détachent (recul, analyse critique, identification et formalisation de nouvelles façons de faire), pour enfin revenir à l'expérience (expérimentation et intégration de nouvelles pratiques). Citons, parmi bien d'autres exemples possibles de pratiques incitant au métamanagement : la coopération internationale et les coopérations interculturelles, le benchmarking (étalonnage des pratiques par rapport à celles des autres), les audits, diagnostics ou évaluations, les groupes de réflexions et de progrès en tous genres (prospective, résolution de problèmes, qualité, etc.), la conduite de projets transversaux, les actions de développement des compétences (stages, tutorat, apprentissage en situation professionnelle, clubs ou réseaux d'échanges de savoirs, etc.), les bilans de compétences, l'élaboration d'un projet professionnel, etc. Autant d'occasions d'apprendre, de s'évaluer, de prendre conscience de que l'on fait ou de ce que l'on sait vraiment, de mieux repérer d'autres façons d'agir ou de raisonner.

Les démarches réflexives ont été étudiées par de nombreux spécialistes de l'apprentissage et des organisations. David Kolb a décrit l'apprentissage expérientiel comme un processus par lequel des connaissances sont créées à partir d'une transformation de l'expérience. Il a identifié les quatre étapes du cycle de l'apprentissage : l'expérience concrète, suivie de l'observation et de la réflexion, qui conduit à la formation de concepts abstraits et de généralisations, qui mène à la création et à la vérification d'hypothèses à travers des expérimentations dans des situations réelles, débouchant sur de nouvelles expériences, et le cycle peut recommencer[10]. Gérard Malglaive a repéré deux circuits qui, pour lui, alimentent la dynamique des compétences : le circuit court de l'intelligence pratique où le savoir s'investit et s'enrichit dans l'action, et le circuit long de l'intelligence formalisatrice, où un recul réflexif et de nouvelles formalisations sont nécessaires pour qu'un problème soit résolu ou une activité possible[11]. En s'appuyant sur la typologie des niveaux d'apprentissage de Gregory Bateson[12], Chris Argyris distingue deux formes d'apprentissage organisationnel :

– l'apprentissage en simple boucle (l'apprentissage de niveau 1 de Bateson), où les personnes concernées détectent et corrigent leurs erreurs, c'est-à-dire

---

10. David KOLB, *Experiental learning : experience as the source of learning and development,* Prentice Hall, 1984.
11. Gérard MALGLAIVE, « Compétences et ingénierie de formation », in Francis MINET, Michel PARLIER, Serge de WITTE, *La compétence, mythe, construction ou réalité ?,* Éditons l'Harmattan, 1995.
12. Gregory BATESON, *Vers une écologie de l'esprit,* Éditions du Seuil, 1995.

réduisent les écarts résultats-objectifs, sans se préoccuper des théories (ou modèles) qui guident leur action,

— l'apprentissage en double boucle (l'apprentissage de niveau 2 de Bateson), où l'élimination des causes d'inefficacité suppose de questionner le « programme maître » sous-jacent à l'action[13].

Pour Argyris, l'apprentissage en simple boucle est un apprentissage limité qui permet seulement de résoudre les problèmes routiniers. Il s'agit d'un apprentissage par adaptation, par ajustement. L'apprentissage en double boucle est plus profond et plus durable, mais il est aussi plus difficile puisqu'il remet en cause les modes d'action habituels. Il correspond à un apprentissage par transformation, par mutation. Pour Bateson, l'apprentissage de niveau 2, ce n'est plus seulement apprendre, c'est apprendre à apprendre.

Le niveau 2 d'une connaissance ou d'une pratique est un niveau d'ordre supérieur, en termes de logique et d'abstraction, permettant la réflexivité, c'est-à-dire l'application à elle-même de cette connaissance ou de cette pratique. Le suffixe méta est couramment utilisé en informatique et dans les travaux sur l'intelligence artificielle. Chercheur spécialisé dans ces domaines, Jacques Pitrat développe et argumente le principe de métaconnaissance, selon lequel des systèmes intelligents doivent être capables de connaître le domaine dans lequel ils travaillent, mais aussi d'examiner ce qu'ils doivent faire, ce qu'ils peuvent faire, ce qu'ils savent, ce qu'ils sont en train de faire[14].

Donald Schön, qui a travaillé avec Chris Argyris sur le modèle de l'apprentissage en double boucle, a également étudié et observé des médecins, des ingénieurs, des architectes et des gestionnaires pour essayer de comprendre en quoi consistait leur professionnalisme. Sa conclusion est que tout bon professionnel est un praticien réflexif[15]. Son savoir est dans ses actes. Ce savoir est largement tacite, implicite, et le professionnel en sait beaucoup plus qu'il ne le pense. Il réfléchit non sur les caractéristiques des choses en elles-mêmes, mais sur les actions qu'il a effectuées, qu'il est en train d'effectuer ou qu'il pourrait effectuer. Il est sans cesse confronté à des situations nouvelles. Ainsi un médecin avec lequel Schön s'entretient déclare que 85 % des cas rencontrés par les médecins ne sont pas dans les livres. Dans un tel contexte, le professionnel engage une « conversation réflexive avec la situation ». Il approche chaque

---

13. Chris ARGYRIS, *Savoir pour agir, surmonter les obstacles à l'apprentissage organisationnel*, InterÉditions, 1995.

14. Jacques PITRAT, *Métaconnaissance, futur de l'intelligence artificielle*, Hermès, 1990.

15. Donald A. SCHÖN, *Le praticien réflexif, à la recherche du savoir caché dans l'agir professionnel*, Les Éditions Logiques, 1994.

problème en le considérant comme unique et n'est pas déconcerté par sa complexité. Il prend en compte et trie un grand nombre d'informations. Il fait différents raisonnements et poursuit de front plusieurs hypothèses, acceptées à titre temporaire. Il établit des liens entre la situation actuelle et d'autres situations rencontrées antérieurement, sans pour autant les assimiler. Il utilise son expérience comme un répertoire d'exemples, de représentations, de modèles ou de schémas d'action. Il puise dans ce répertoire et utilise son intuition pour envisager des modalités d'action, en raisonnant sur la base d'analogies, ou de « métaphores génératrices », sources d'idées pour l'action. En fait, il fait de la recherche appliquée dans une logique d'utilisation et d'enrichissement permanents de son expérience et de son savoir-faire.

Schön note toutefois que cette démarche réflexive si elle est pratiquée, n'est pas pour autant connue et reconnue : « parce que le professionnalisme est encore aujourd'hui relié à l'idée de compétence technique, la réflexion en cours d'action et sur l'action n'est généralement pas acceptée, même par ceux qui l'exercent, comme une forme légitime de savoir professionnel ».

PRENDRE EN COMPTE
LES RÉALITÉS DU MANAGEMENT
À LA FRANÇAISE

Démarches réflexives et logiques non mécanistes sont aujourd'hui de plus en plus requises, mais leur pratique est encore faible, parce qu'elles ne correspondent pas aux modèles de pensée et d'action dominants, hérités du passé. Cela est vrai dans l'ensemble du monde occidental développé, et tout particulièrement en France.

En France, le management est un concept récent. Il date des années 60, qui marquèrent le début de la modernisation et de l'ouverture internationale des entreprises. Il s'est construit sur la base des notions plus traditionnelles d'administration, de commandement, de direction et de gestion. Celles-ci restent encore très présentes dans le modèle français de management.

La grande industrie française s'est majoritairement construite sous l'impulsion de l'État. Plus qu'ailleurs ses dirigeants proviennent du monde de la haute fonction publique et non des entreprises elles-mêmes. Ils sont formés dans les grandes écoles administratives et scientifiques qui valorisent la pensée abstraite, le raisonnement logique, l'intelligence déductive, et non les compétences relationnelles, la créativité ou la connaissance pratique d'un métier. Les diplômes sont souvent plus déterminants que l'expérience acquise pour la carrière.

De nombreux observateurs et analystes ont décrit les caractéristiques profondes et durables de la société française. Michel Crozier a ausculté « le phénomène bureaucratique » qui en constitue le centre, et diagnostiqué les principaux blocages : poids des règles impersonnelles, centralisation excessive, cloisonnements et refus du face à face, incapacité des acteurs sociaux et en particulier des dirigeants à écouter et à négocier, etc.[16]. Philippe d'Iribarne a dépeint une société d'ordres et de castes, héritée de l'Ancien Régime, où chaque catégorie cherche à préserver sa conception du métier et son indépendance et « accomplit son devoir » selon une logique de l'honneur qui l'amène à « tenir son rang »[17]. Bernard Perret a analysé comment, plus que d'autres, la société française s'était coulée dans le moule de la société salariale des Trente Glorieuses, qui correspondait bien à notre culture technique et industrielle nationale privilégiant la qualification technique, les grands projets commandés par l'État, les prouesses technologiques, la productivité de masse et les organisations hiérarchisées. Il a également bien mis en évidence les réticences françaises pour les services : nous associons service à servitude, et pour ne pas dépendre du client, nous sommes devenus les champions de l'automatisation des services[18].

Dans ce contexte, le modèle de management à la française est caractérisé par une forte centralisation et une forte formalisation. Vu de l'étranger, il apparaît élitiste et académique[19]. La France reste une « terre de commandement », selon l'expression de Michel Crozier, déjà ancienne mais toujours d'actualité. Les situations changent, mais le même scénario se perpétue : des dirigeants qui ne connaissent pas le terrain échouent à faire rentrer la réalité dans leurs schémas et sont confrontés à un personnel dont l'avis et l'expérience ne sont pas pris en compte, qui, pour combler l'écart irréductible qui existe entre la théorie et la pratique, a recours aux vertus mythiques du système D. Coexistence problématique entre les aveugles et les muets : ceux qui parlent et décident ne savent pas, ceux qui savent ne parlent et ne décident pas[20].

La France est aussi « la fille aînée du taylorisme », selon l'expression d'Alain Lebaube, qui constate qu'aucun autre pays n'a autant intégré les prin-

---

16. Michel CROZIER, avec Bruno TILLIETTE, *La crise de l'intelligence, essai sur l'impuissance des élites à se réformer*, InterÉditions, 1995.
17. Philippe d'IRIBARNE, *La logique de l'honneur, Gestion des entreprises et traditions nationales*, Éditions du Seuil, 1989.
18. Bernard PERRET, *L'avenir du travail, les démocraties face au chômage*, Éditions du Seuil, 1995.
19. Jean-Louis BARJOUX, Peter LAWRENCE, *Management in France*, Cassell, 1990.
20. Le dialogue de l'aveugle et du muet est évoqué dans Alain HENRY, Ignace MONKAM-DAVERAT, *Rédiger les procédures de l'entreprise, guide pratique*, les Éditions d'Organisation, 1995, à partir d'un article de Michel BERRY, « Taylor et les robots, les raisons d'une incompatibilité », in *Pour une automatisation raisonnable de l'industrie*, Annales des Mines, janvier 1988.

cipes et les techniques de l'organisation scientifique du travail[21]. « La France est une société d'ingénieurs, dominée par des ingénieurs », estime Pierre Calame, ingénieur lui-même, qui dénonce les méfaits d'une culture mécaniste qui pousse à investir dans le toujours plus technologique plutôt que dans l'amélioration des systèmes organisationnels[22]. Son expérience industrielle l'a amené à constater souvent que les ingénieurs préfèrent substituer du capital au travail par la mécanisation, l'automatisation, parce que « c'est tellement plus simple que de s'embêter à gérer des hommes ! ».

Centralisateur et formalisateur, valorisant peu l'expérience acquise sur le terrain et les pratiques concrètes d'organisation du travail, le modèle français de management semble plus adapté à un monde relativement stable et simple (ou déchiffrable) qu'à l'univers précaire et complexe d'aujourd'hui, où flexibilité et cohésion sociale sont requises conjointement.

Ces constats critiques sur le management français ne se veulent ni pessimistes, ni démobilisateurs. Il s'agit seulement d'oser reconnaître nos traditions culturelles, issues de notre histoire, pour aborder les temps nouveaux. Il s'agit de partir de l'existant, d'un état des lieux lucide. Le modèle français de management évoluera d'autant plus que les managers français prendront conscience de leurs caractéristiques propres et s'ouvriront à d'autres pratiques (l'Europe et la mondialisation les inciteront de plus en plus à la réflexivité), qu'ils sauront changer et être plus flexibles tout en préservant leur identité et leur culture, qu'ils découvriront et diffuseront de nouveaux modes d'action et de nouveaux sens à leur action. Prendre en compte les réalités du management à la française, c'est selon nous à la fois envisager les évolutions possibles des pratiques managériales françaises, les préparer avec réalisme, comprendre que le chemin sera long... que par certains côtés nous ne changerons peut-être jamais, que par d'autres nous pouvons nous adapter ou innover beaucoup plus que nous le pensons, et que rien de tout cela n'est écrit à l'avance !

MODESTIE, PRUDENCE, ACTION INTELLIGENTE

Le management est l'art de tirer parti des situations pour obtenir des résultats. Il part du postulat qu'une action est possible, utile. En cela, il est *a priori* opti-

21. Alain LEBAUBE, *Le travail, toujours moins ou autrement*, Le Monde-Éditions, 1997.
22. Pierre CALAME, « Les méfaits de l'idéologie de la productivité », in *Esprit, La France et son chômage : crise économique ou crise culturelle ?*, août-septembre 1994

miste et réformiste. Mais aujourd'hui, plus que jamais, il se doit d'être réaliste, et de savoir gérer ses ambitions. Les temps nouveaux sont des temps difficiles. Pierre Morin insiste à juste titre, sur la fin du management romantique, à prétention utopique et prophétique[23]. Il importe plus que jamais de se méfier des recettes, des méthodes miracles, des gourous, des leaders charismatiques et de tous les vendeurs de certitudes.

Sans pour autant sombrer dans le désenchantement ou le cynisme. Avec la modestie, le management redécouvre aujourd'hui l'importance et l'intérêt de la prudence. Vertu millénaire à comprendre dans son sens originel de sagesse ou d'intelligence pratiques. C'est la « phronêsis » des Grecs que les érudits du Moyen Âge ont traduit par « prudentia ». Dans ce sens, la prudence ne signifie pas le manque d'audace, la crainte des risques et des responsabilités. Loin de bloquer le désir et la volonté d'entreprendre, aujourd'hui de plus en plus nécessaires, elle doit au contraire les enrichir. La prudence est la recherche d'une conduite raisonnable dans un monde qui ne l'est pas. C'est l'adaptation aux contingences. Une vertu essentiellement pratique, un savoir-faire du quotidien, à partir de l'exercice de la délibération, c'est-à-dire de la réflexion fondée sur l'expérience, avec soi-même et avec les autres.

Dans un univers d'indétermination, de hasard, où les dangers sont multiples, le manager se doit d'être prudent, pour son entreprise et pour lui-même. Raymond Danziger, directeur associé à KPMG-Audit et professeur à l'université Paris-Dauphine, estime que, loin de la figure héroïque du gagneur des années 80, le chef d'entreprise actuel doit surtout se montrer avisé, par sa capacité à arbitrer les exigences par nature contradictoires de ses actionnaires, de ses salariés, de ses clients et de l'opinion publique. Pour lui, « la disposition d'esprit qui convient à cette situation contradictoire est bien la prudence, capacité d'adopter une attitude avisée, intuition mûrie par l'expérience, pour concilier les aspirations antagonistes et cependant légitimes »[24].

La prudence est aussi une qualité dont le manager a besoin pour lui-même, pour préserver et développer son identité à travers son parcours professionnel et personnel. Pour Michel Villette, ex-consultant démystificateur des croyances du management et de ses fausses promesses de maîtrise de l'incertitude et de la complexité du monde, le manager d'aujourd'hui, désormais « jetable », gagnera à fonder ses choix et ses actions sur la connaissance vécue et réfléchie du management réel, plus que sur les manuels et les théories[25]. Nous

---

23. Pierre MORIN, *La grande mutation du travail et de l'emploi*, Les Éditions d'Organisation, 1994.
24. Raymond DANZIGER, « Le chef d'entreprise prudent et avisé », in *La prudence, une morale du possible*, Éditions Autrement, 1996.
25. Michel VILLETTE, *Le manager jetable, récits du management réel*, Éditions La Découverte, 1996.

conseillant de postuler que « nous sommes tous un peu plus « précaires » qu'il ne semble », il nous incite à devenir prudents « en réapprenant à étudier directement – c'est-à-dire par nos propres moyens, par essai et erreur, par bricolage et dans la controverse – les situations professionnelles dans lesquelles nous sommes impliqués ».

La prudence, comprise comme l'intelligence des situations, est au cœur des nouvelles exigences du management actuel, qui requiert aussi une intelligence de l'action, c'est-à-dire la capacité de piloter des systèmes complexes à acteurs multiples, dans un univers incertain. L'action intelligente suppose une écoute des différentes parties prenantes dans une situation donnée, une reconnaissance de la pluralité de leurs intérêts, de leurs enjeux et de leurs logiques et la recherche de pratiques adaptées aux spécificités de chaque contexte. Les qualités d'intelligence à mettre en œuvre ici ne sont pas seulement, ou pas d'abord, celles de l'intelligence abstraite, rationnelle, intellectuelle ou formelle. Mais au contraire celles d'une intelligente pratique, intuitive, souvent pour une large part implicite ou informelle. Nous avons déjà mentionné l'importance des connaissances ou des apprentissages tacites, et du management clandestin. Il est intéressant de noter que dans le contexte d'incertitude actuelle, on redécouvre des formes d'intelligence anciennes, mais non traditionnelles. Ainsi l'intelligence rusée, ou la « mètis » des Grecs, cette cousine éloignée de la prudence. Les Grecs distinguaient quatre formes d'intelligence et de connaissance :

– l'« episteme » (la généralisation abstraite, à l'origine de la science et de la métaphysique),

– la « techne » (le savoir-faire),

– la « phronêsis » (la sagesse ou l'intelligence pratiques),

– la « mètis » (l'intelligence de la ruse, l'astuce, le flair).

Marcel Détienne et Jean-Pierre Vernant nous ont fait connaître cette quatrième forme d'intelligence, d'autant plus oubliée qu'elle fut refoulée par les Grecs eux-mêmes à partir du Ve siècle, au nom de la primauté des savoirs théoriques et de la recherche de concepts stables et délimités pour penser l'être et l'immuable. La mètis fut victime du mépris qui se manifestait déjà chez les Grecs pour les savoirs-faire implicites au nom des grandes idées et des théories. Elle s'exerçait sur des plans très divers, mais toujours à des fins pratiques : savoir-faire de l'artisan, habileté du sophiste, art de gouverner du politique ou art du pilote dirigeant son navire... Proche de la prudence, elle s'en distinguait toutefois parce qu'elle était moins visible, moins communicable, plus intégrée à l'action et plus fugitive. Détienne et Vernant la décrivent comme « un ensemble complexe, mais très cohérent d'attitudes mentales, de comportements intellectuels qui combinent le flair, la sagacité, la prévision, la souplesse d'esprit, la feinte, la débrouillardise, l'attention vigilante, le sens de l'opportunité, des habiletés diverses, une expérience longuement acquise ». Ils indiquent qu'« elle s'applique à des réalités fugaces, mouvantes, déconcertantes et ambiguës, qui ne se prêtent ni à la mesure précise, ni au calcul exact, ni à un raisonnement rigoureux[26] ».

Philippe Baumard a observé sur différents cas comment des entreprises, confrontées à un événement perturbateur, développent des processus mètistiques, c'est-à-dire des démarches d'intelligence rusée[27]. Dès lors que les données et les règles habituelles ne fonctionnent plus, les acteurs chargés de faire face à la situation passent, individuellement ou collectivement, à des modes de raisonnement conjecturaux ou évolutifs : ils font des hypothèses sur le sens à donner à la situation et font fonctionner des réseaux d'échanges d'informations et d'idées, les uns officiels, les autres clandestins, jusqu'à ce qu'émerge une nouvelle compréhension de ce qui se passe permettant de résoudre la crise. Ils pratiquent l'abduction, c'est-à-dire une forme d'induction créative qui, partant de la connaissance directe, intime, d'une situation apparemment chaotique, laisse peu à peu émerger des formes, des significations, des interprétations et des représentations nouvelles, à partir d'intuitions, d'analogies et de métaphores. Les fameuses « déductions » des héros de romans policiers qui, tels Sherlock Holmes ou Hercule Poirot, expliquent ce qui s'est passé à partir de quelques indices et donnent du sens à une suite d'événements que les lecteurs ne parvenaient pas à interpréter, sont en fait des abductions, comme le remarque Umberto Eco[28].

L'abduction est une opération mentale qui suppose d'avoir les pieds sur terre et la tête imaginative. Elle fait appel à l'expérience, au vécu, aux ressentis pour une large part tacites ou inconscients et aux capacités de prise de recul, d'analyse, d'extériorité, de mise en relation de différentes situations ou de différents univers. Elle permet, en plongeant dans la situation, de déchiffrer peu à peu l'indéchiffrable, de découvrir ou d'inventer le sens de ce qui semblait ne pas en avoir, ou qui n'existait pas encore. Ikujiro Nonaka et Hirotaka Takeuchi, dans leur étude des entreprises créatrices de savoir, montrent l'importance dans les

---

26. Marcel DETIENNE, Jean-Pierre VERNANT, *Les ruses de l'intelligence, la métis des grecs*, Flammarion, 1974.
27. Philippe BAUMARD, *Organisations déconcertées, la gestion stratégique de la connaissance*, Masson, 1996 ; Philippe BAUMARD, *Oblique Knowledge : the clandestine work of organisations*, Centre de recherche DMSP (Dauphine Marketing strategie Prospective), cahier n° 228, mars 1994.
28. Umberto ECO, *Les limites de l'interprétation*, Bernard Grasset, 1994.

processus d'innovation des formes d'intelligence intuitive comme l'abduction, les analogies et les métaphores[29].

L'intelligence de l'action en univers précaire amène également le manager à reconsidérer les schémas traditionnels d'action en ce qui concerne les objectifs et les moyens. Il convient de se méfier des raisonnements sommaires et parcellaires en terme de moyens : demandes de moyens (toujours plus !) ou économies de moyens (toujours moins !) qui se payent par des effets pervers ailleurs ou plus tard dans le système si elles ne sont pas intégrées dans un projet réfléchi et discuté, notamment quant aux résultats visés, et aux modes d'organisation envisagés. Mais, tout comme la logique des moyens, la logique des objectifs, pourtant constitutive du management, peut aussi marquer ses limites. Elle peut en particulier se révéler trop rigide ou irréaliste quand elle entend fixer une cible précise à atteindre dans un contexte très fluctuant, ou indépendamment des acteurs impliqués. Dans un univers précaire où la réussite d'une action dépend de l'adaptation permanente aux contingences et du bon fonctionnement des réseaux d'acteurs, l'intelligence consistera en général, à développer en continu la dialectique objectifs-moyens, c'est-à-dire, l'articulation-régulation des objectifs par rapport aux moyens et des moyens par rapport aux objectifs. Le management par objectifs s'ouvre alors sur le « management par construction de projets » que Régis Ribette décrit comme une ingénierie des systèmes complexes et un nouveau génie (ou talent) managérial dans lequel « la conduite dans le chemin importe bien plus que la détermination *a priori* du but final... ce dernier se modifiant sans cesse pour n'émerger dans sa forme définitive... qu'au bout du chemin »[30].

Dans le même esprit, Jean-Louis Le Moigne, à partir des travaux d'Herbert Simon sur les processus cognitifs, appelle « principe d'action intelligente » cette adaptation permanente des moyens aux objectifs et des objectifs aux moyens, des projets aux comportements et des comportements aux projets[31]. Il retrouve ainsi les idées du pragmatiste John Dewey qui définissait de la même façon l'action intelligente.

Ce qui change dans un univers précaire c'est que les conditions d'exercice de cette action intelligente ne sont plus aussi stables et identifiables, conduisant

---

29. Ikujiro NONAKA, Hirotaka TAKEUCHI, *The knowledge-creating company, how Japanese companies create the dynamics of innovation*, Oxford University Press, 1995.
30. Régis RIBETTE, « Complexité et enjeu stratégique des "sciences de l'ingénieur", vers un nouveau génie managérial », in *Dossier Iseris* n° 9, avril 1997.
31. Jean-Louis LE MOIGNE, *Les épistémologies constructivistes*, Presses Universitaires de France, 1995.

ainsi le manager à une démarche régulière de recherche et d'ajustement par rapport au milieu dans lequel il intervient.

À la question de savoir si nous allons vers la fin du management, nous répondons que tout dépend de la représentation que l'on a du management. Ce qui disparaît, ou pour le moins décline, c'est la conception traditionnelle, hiérarchique et statutaire, du management. Être manager sera de moins en moins un titre, une position bien établie dans une structure, un rôle à plein temps. Comme le souligne Peter Drucker, les responsables auront de plus en plus à travailler avec des personnes sur lesquelles ils n'ont pas d'autorité hiérarchique et le contrat avec l'employeur, qui échangeait la sécurité contre la loyauté, s'il a jamais existé, n'est plus d'actualité[32].

Par contre, si l'on définit le management comme l'art de l'action efficace, l'art d'obtenir des résultats et d'atteindre des objectifs, il reste plus que jamais fondamental, et requiert de plus en plus d'intelligence dans l'action, comme nous l'avons vu. Cet art est même désormais nécessaire à tous les niveaux de l'entreprise.

La fonction de management, comme la fonction de gestion des ressources humaines, est de plus en plus partagée et répartie[33]. Aujourd'hui un nombre croissant d'entreprises demandent à des techniciens, des agents de maîtrise, des employés ou des opérateurs de savoir résoudre des problèmes, s'organiser, travailler en équipe, communiquer, participer à des projets et des actions de changement, apprendre en permanence. La formule un peu utopique qu'énonçait Drucker dans les années 60 « every employee a manager » est en train de prendre corps. Dans un contexte de précarité. Ce qui ne rend pas les choses faciles, ni pour les managers classiques ni pour les nouveaux.

Ils doivent désormais exister dans le provisoire et composer avec l'éphémère.

---

32. Peter DRUCKER, in Mike JOHNSON, *Managing in the next millenium*, published in association with the management Centre Europe, Butterworth-Heinimann, 1996.
33. Sous la direction de Jean-Marie PERETTI, *Tous DRH, pratique de gestion des ressources humaines à l'usage des dirigeants et des superviseurs*, les Éditions d'Organisation, 1996.

Composé par EDIE

Dépôt légal : juin 1998